魅力的力量

破解个人影响力密码

THE POWER OF CHARM

HOW TO WIN ANYONE OVER IN ANY SITUATION

［美］博恩·崔西（Brian Tracy） 著
罗恩·阿登（Ron Arden）

王梦静 译

中国科学技术出版社
·北京·

The Power of Charm: How to Win Anyone Over in Any Situation by Brian Tracy and Ron Arden./ISBN: 978-0814473573.
Copyright © 2006 by Brian Tracy and Ron Arden.
Original English language edition published by arrangement with HapperCollins Leadership, a division of HapperCollins Focus LLC.
Simplified Chinese translation copyright ©2022 by China Science and Technology Press Co.Ltd.
All rights reserved.
北京市版权局著作权合同登记　图字：01-2022-2174。

图书在版编目（CIP）数据

魅力的力量 /（美）博恩·崔西,（美）罗恩·阿登著；王梦静译 . —北京：中国科学技术出版社，2022.6

书名原文：The Power of Charm: How to Win Anyone Over in Any Situation

ISBN 978-7-5046-9532-1

Ⅰ.①魅… Ⅱ.①博…②罗…③王… Ⅲ.①人际关系学—通俗读物 Ⅳ.① C912.11-49

中国版本图书馆 CIP 数据核字（2022）第 064323 号

策划编辑	赵　嵘	责任编辑	庞冰心	版式设计	蚂蚁设计
封面设计	马筱琨	责任校对	吕传新	责任印制	李晓霖

出　　版	中国科学技术出版社
发　　行	中国科学技术出版社有限公司发行部
地　　址	北京市海淀区中关村南大街 16 号
邮　　编	100081
发行电话	010-62173865
传　　真	010-62173081
网　　址	http://www.cspbooks.com.cn
开　　本	787mm×1092mm　1/32
字　　数	70 千字
印　　张	7
版　　次	2022 年 6 月第 1 版
印　　次	2022 年 6 月第 1 次印刷
印　　刷	北京盛通印刷股份有限公司
书　　号	ISBN 978-7-5046-9532-1/C·195
定　　价	59.00 元

（凡购买本社图书，如有缺页、倒页、脱页者，本社发行部负责调换）

本书谨献给我们的妻子尼基（Nicky）与芭芭拉（Barbara），

她们是两位非常出色的女性。

没有她们的耐心倾听，

我们不可能在演讲领域取得如此大的成就。

亲爱的尼基与芭芭拉，

你们的魅力无与伦比。

前言
PREFACE

若欲攀至顶峰，必须具备此般魅力——魅力无处不在又隐于无形，它存在于外貌、步态、身形比例和声音，亦存在于从容的姿态与奋斗的精神。我们根本无须长得帅气或漂亮，我们需要的只是魅力。

——莎拉·伯恩哈特（Sarah Bernhardt）

一个人能否获得事业与生活的成功，85%取决于与他人有效沟通的能力。"社交商"（social intelligence），即交流、对话、协商和说服他人的能力，是人所能拥有的回报最高的一种能力，而且这种能力是可以通过后天培养的。

当今世界，具有较高影响力的人们往往掌握了独特的沟通方法与技巧，而你只需练习其中几种方法与技巧，便可成为温暖、友善、惹人喜爱且独具魅力的个体。

卓越的沟通者所拥有的"秘诀"根本谈不上秘密。它们不过是一些行之有效的沟通方法，能够让别人对你敞开心扉，乐于接受你的想法。由此，人们将更愿意被你影响，购买你的产品，与你达成商业合作，建立私人关系，并对你产生良好印象。

成为一个有魅力的人，一个真正惹人喜爱、和蔼可亲的人，将为你带来更多机遇。人们越喜欢你，越觉得你亲切，就越想看见你、听见你、加入你所

前言 Preface

在的场合,或邀请你融入他们的圈子。

我们已发表过几百场演讲,培训过数千人,其中,我们反复强调的一句话是:"世界上最有价值的东西并非黄金或钻石,而是魅力。"你的声誉,即人们在背后如何看待你、谈论你,是你最宝贵的个人与职业资产,也是你在场时给别人留下的印象总和。

通过学习魅力的基本知识,并按照本书所介绍的技巧加以练习,可以极大地提高与人交流的有效性及乐趣。你可以从与家人沟通开始练习,然后将沟通技巧运用到你遇见的每个人。

通过沟通技巧的训练,你将变得更为成功,获得更高收入,实现更快晋升,创造更大业绩,在越来越多的谈判中占得上风,在社交环境中更具说服力和影响力。

目录

CONTENTS

第一章	何谓魅力	/ 001
第二章	富有魅力的益处	/ 005
第三章	拥有魅力能为你带来什么	/ 010
第四章	如何提升魅力	/ 014
第五章	倾听的魔力	/ 022
第六章	如何吸引女性	/ 032
第七章	如何吸引男性	/ 039
第八章	散发魅力应该"由内而外"还是"由外而内"	/ 045
第九章	关注的力量	/ 054
第十章	第一个信号：目光接触	/ 058
第十一章	第二个信号：目光闪动	/ 063
第十二章	第三个信号：头部侧倾	/ 068
第十三章	第四个信号：点头	/ 072

魅力的力量
THE POWER OF CHARM: HOW TO WIN ANYONE OVER IN ANY SITUATION

第十四章	第五个信号：肢体语言	/ 077
第十五章	第六个信号：应避免的肢体语言	/ 084
第十六章	第七个信号：声音安抚	/ 093
第十七章	第八个信号：语言安抚	/ 095
第十八章	依靠朋友的帮助培养魅力	/ 098
第十九章	谨慎建议	/ 105
第二十章	耐心倾听的力量	/ 109
第二十一章	善于微笑	/ 111
第二十二章	善于赞扬	/ 118
第二十三章	"表现得好像"原则	/ 124
第二十四章	说什么与怎么说	/ 133
第二十五章	看向一侧	/ 138
第二十六章	放慢语速	/ 140
第二十七章	有时无声胜有声	/ 147
第二十八章	消除填充词	/ 150
第二十九章	打造有魅力的声音	/ 153

目录 Contents

第三十章　成为有魅力的交谈者　　　　　　　/ 158

第三十一章　引导对话方向　　　　　　　　　/ 162

第三十二章　提前做好功课　　　　　　　　　/ 166

第三十三章　打对方接得住的球　　　　　　　/ 175

第三十四章　不要打扣杀球　　　　　　　　　/ 179

第三十五章　与交谈者保持步调一致　　　　　/ 184

第三十六章　熟能生巧　　　　　　　　　　　/ 189

第三十七章　将技巧转化为艺术　　　　　　　/ 192

第三十八章　躬行实践　　　　　　　　　　　/ 194

第三十九章　展现魅力　　　　　　　　　　　/ 197

第四十章　提升魅力之电话篇　　　　　　　　/ 200

第一章
何谓魅力

当约翰·肯尼迪（John F. Kennedy）倏然一笑时，树上的鸟儿也会为之倾倒而坠落。

——西摩·圣·约翰（Seymour St. John）

下面是某人对魅力的描述，此人未曾意识到魅力的存在，并且在屈服于魅力之前还一直试图否认它的影响：

……无论遇见谁，他总能给予对方全部的关注，

魅力的力量
THE POWER OF CHARM: HOW TO WIN ANYONE OVER IN ANY SITUATION

……他散发着温暖的气息;他似乎真的喜欢你,对你充满兴趣,而不在乎你是否喜欢他。这其中有多少是基因决定的,有多少是经后天培养形成的,我无法确定。唯一能够确定的是,就在那次短短的会面中,我完全被一位我从未认同过也未曾想过会喜欢的人给迷住了。

这是职业演讲家马克·桑布恩(Mark Sanborn)在与美国前总统比尔·克林顿(Bill Clinton)会面后所做出的评论。

当我们谈及魅力之时,我们并不只是在谈论餐桌礼仪、好看的外表或是时髦的穿着,而是在谈论一些更为深刻的东西。真正的魅力超越外表,它是某些人所拥有的一种能力,可以创造意想不到的融洽关系,让在场的其他人都体验到卓越、非凡之感。

第一章 何谓魅力

同时,魅力具有吸引人的特质,它会引起我们几乎本能的强烈情绪反应。

你也许会告诉自己:"人的魅力与生俱来,如果没有,只能怪自己运气不好!"我们曾经也这么认为,但经过多年的调查、实验及人际沟通技巧教学,我们发现了许多截然相反的例子。

毫无疑问,一些人天生具有魅力,这是他们的优势。但魅力并非存在于人体基因中的神秘成分,而是使用某些技巧的结果,只是大多数人对这些技巧知之甚少或一无所知罢了。在一定程度上,魅力是可以习得的。

在接下来的章节中,你将学习如何使自己变得充满魅力,能够像磁铁一般吸引并影响你所遇见的每个人。

❯ 提升魅力的技巧

从现在起，将魅力看作可以培养的个性品质与技巧，做魅力人士所做之事，成为魅力人士那样的人。

第二章
富有魅力的益处

魅力：一种运用令人无法抗拒的力量来取悦、吸引他人的品质。

罗恩·阿登用以下这段亲身经历证明了魅力的力量。

直到 20 世纪 70 年代，我才真正意识到魅力的力量。我和妻子尼基的一位共同朋友打电话邀请我们参加伊万·贝罗德（Ivan Berold）夫妇的招待会，他们刚刚从南非抵达美国洛杉矶。伊万长得十分帅气，是

魅力的力量
THE POWER OF CHARM: HOW TO WIN ANYONE OVER IN ANY SITUATION

位好演员，也是我的好朋友，我们在南非拍戏时结识。

我和妻子于周六下午抵达伊万家，随即加入了在花园中聚会的人群。人们围绕着吧台，其中当然也包括伊万夫妇。我们热情地互相问候，然后继续在自助餐桌旁品尝美食。

下午晚些时候，我看见尼基和伊万正在聊天。我发现我亲爱的、平日里头脑冷静的妻子，这会儿似乎完全被伊万迷住了。我想："究竟是怎么回事？尼基怎么表现得像个小迷妹似的。"一股莫名的妒意向我袭来，我急忙走过去加入他们的谈话。

魅力的"魔力"

过后不久，我问尼基："伊万有什么迷人之处，

第二章 富有魅力的益处

让你看上去神魂颠倒的?"

尼基想了想,说道:"和伊万聊天,我感觉仿佛置身于蚕茧之中,除了我们俩,没有其他任何人存在;当他听我讲话时,好像我说的每个字都很重要,他需要全神倾听。"

我仔细想了想,尼基说得没错。自我认识伊万开始,他在与人相处时便一直表现出这种品质。伊万不断散发着魅力,这大概就是他既讨女性喜爱,也受男性欢迎的原因。

简单的规则源于终身的兴趣

虽然这件事已过去二十多年,但我仍记忆犹新,就像它发生在昨天一样。得益于妻子的提醒,我对魅力的浓厚兴趣似乎便是从那时产生的。

之后,我对魅力的兴趣与日俱增。我开始研究、辨认那些富有魅力之人的行为模式,并咨询了其中许多人,试图了解他们在影响他人时的感受。在此过程中,我发现了许多有趣的事,其中一件便是:富有魅力之人在愉悦他人的同时,也在愉悦自己。

我将研究发现的结果设计成框架清晰、方便教学的课程,每门课都有属于自己的一套简单规则和技巧,易懂、易学、易实施。

我与博恩·崔西已经成功教会许多人使用这些技巧(不论是出于专业目的还是社交目的)。现在,你也可以学习这些技巧,来掌控自己对他人的影响。一旦懂得如何运用魅力的力量,你便可以自由支配通向成功之路最宝贵的一个要素,即让人们自我感

第二章
富有魅力的益处

觉棒极了。

▶ 提升魅力的技巧

想想你所知道的最具魅力的一个人。观察此人的言行举止,试着辨认他在散发魅力时的所作所为。观察他对别人的影响,根据你所观察到的结果,以自己的方式,试着成为同样富有魅力、说服力,令人钦佩的人。

第三章
拥有魅力能为你带来什么

富有魅力的人具有吸引力。花朵因温暖和光照开放,我们因魅力的吸引敞开怀抱。魅力仿佛宇宙中的"巨引源",用无法抗拒的强大引力将我们吸引。

——索卡萨(Thokoza)

富有魅力之人往往受人关注,拥有额外的机会,这些机会可能是其他人永远无法获得的。他们容易得到宽恕,别人若是犯了同样的错误,很可能受到严惩。此外,他们也知晓其他人也许永远不会知道

第三章
拥有魅力能为你带来什么

的事情。人们为富有魅力之人开脱，不辞辛劳为其提供帮助，总是愿意把他们往好处想。你也许发现自己非常相信某个人并深受其影响，那么承认吧，你已经在不知不觉中接受了此人的魅力攻势。

自我感觉棒极了

我们都曾在某一时刻遇见过这样的人，他们魅力四射，令人神魂颠倒。他们似乎真的喜欢你，在意你的观点，给予你百分百的专注。当他们与你在一起时，无论周围是谁，你是他们眼里的唯一存在。他们让你感觉自己好像是他们见过的最迷人、最重要的人。你十分享受他们的陪伴，完全失去了客观的判断。你还记得这种感觉有多美妙吗？我打赌你当时肯定觉得棒极了。

想想到底是什么力量让你感觉如此美妙。魅力的力量无穷无尽，伟大的政治领袖培育它，成功的商业人士壮大它，知名的娱乐明星利用它。几乎所有人在人际交往过程中都能享受到魅力的好处；而任何人若想攀登上成功的阶梯，也必须提升自我魅力。

随时随地展现个人魅力

如果你能随时随地给他人一种特别的感觉，会怎样呢？你觉得这种能力对你的个人生活及职业生涯有多大价值？相信我，它绝对是无价的。一旦掌握了让别人感觉特别的能力，回报便指日可待。

第三章
拥有魅力能为你带来什么

▶ 提升魅力的技巧

从现在起下定决心：你将培育魅力的力量，并在与人交往时加以练习。这一决定会让你开始做所有能做之事，只为让他人感到美妙与特别。

测量你目前的"魅力指数"。10分为满分，从1～10给自己打分，再请认识的人给你打一次分。无论对方给你打多少分，这个分数都反映了你真实的魅力值。

现在你已经做好准备，要把自己变成真正拥有强大魅力的人。

第四章
如何提升魅力

人们不在乎你知道多少,直到他们知道你有多在乎。

——卢·霍兹(Lou Holtz)

心理学家告诉我们,人格的核心是自尊,它的最佳定义是**"你有多喜欢自己"**。自尊是一个人在任意时间内感受到的自我重要性与价值的总和。

人是一种十分情绪化的动物。我们常常听从情绪做出决定,然后用逻辑证明决定的合理性。人极易受到情绪的影响,尤其在意别人对自己做出的行

第四章
如何提升魅力

为和反应。

从婴儿期开始,我们对于父母对自己做出的行为和反应就有着高度的敏感。通常情况下,这些早期交流将为你日后的人际交往奠定基础。

在与人交往的过程中,你所做的一切要么是为了提升自尊,满足内在需求;要么是为了保护自尊,不让它受到他人与环境的伤害。

魅力的秘密

人性最深层次的渴望是感觉自己有价值、受重视。因此,魅力的秘密十分简单:**让他人觉得他自己很重要**。

拥有魅力的五大诀窍

交往过程中,你越能让别人感觉到他自己的重要性,他们越是认为你有魅力。幸运的是,我们知道如何让人们"自我感觉棒极了",关键做法可以用5个A来概括:**接纳(Acceptance)、欣赏(Appreciation)、认同(Approval)、赞美(Admiration)与关注(Attention)**。

(1)**接纳**。"无条件的积极关注",这一态度是你能给予他人的最好礼物。也就是说,你完全接纳他们,毫无保留。你从不批评或指责他们,你完全接纳他们的一切,仿佛他们是自然的奇迹。学会接纳是拥有魅力的起点。

那么你该如何展现完全接纳的态度呢?其实很

第四章
如何提升魅力

简单——微笑！当你面带幸福的微笑望向他人时，他们的自尊心将自然而然地增强。他们会对自己感到高兴，会感觉自己是重要的、有价值的，也会喜欢上让他们产生这样感觉的人。他们甚至会在你开口说话前，便觉得你充满魅力。

（2）欣赏。每当你对别人所做的事情表示欣赏时，无论事大事小，他们的自尊心都将得到很大满足。他们会更加觉得自己是有价值的、重要的，会更相信自己的能力。他们的自我形象将得到改善，自尊心显著增强。

你该如何让别人产生这种美妙的感觉呢？很简单，不论什么场合，都别忘了说声"谢谢"。养成感谢的习惯，感谢你遇见的每个人，感谢他们所做的每件事。感谢秘书的工作，感谢伴侣的帮助，感谢孩子所做的任何你欣赏的事。

你可以得到双重回报：每当你向他人微笑或道谢时，不仅对方的自尊心和自我价值感会增强，你的也不例外。事实上，如果你的言谈举止让别人更喜欢自己，你也会更喜欢那样的自己。

此外，你越喜欢自己，就越会真心地喜欢和关心他人；你越喜欢自己，就越不担心是否给别人留下了良好的印象，散发的魅力也就越自然。

（3）认同。人在一生中，内心始终存在着一个需求——渴望自己的行为与成就得到他人认同。这种需求未曾间断过，就像对食物和休息的需求一样，再多的认同也无法让我们得到永久的满足。那些不断地寻找机会表达认同的人，无论走到哪儿，都颇受欢迎。

第四章
如何提升魅力

认同的最佳定义大概是"赞美",这点很重要,我们会在下文详细阐述。你只需记住,每当我们赞美对方时,他们的自尊心都会显著增强。被赞美的人不光自我感觉会变好,还会认为你有趣、独具慧眼、惹人喜爱且魅力无边。

(4)赞美。亚伯拉罕·林肯(Abraham Lincoln)曾说:"人人都爱听赞美的话。"每当你对他人的品格、所有物或取得的成就表达真诚的赞美时,他们的自我价值感便会提升。他们会觉得自己是被认可的,是重要的、有价值的。他们会更喜欢自己,也更喜欢你。

赞美他人的衣着,赞美他人的品格(如守时、有毅力),赞美他人获奖或实现目标……不论事大事小,都不要吝啬你的赞美,寻找合适的机会去赞美他人。每当你表达赞美时，对方会更喜欢你，也会觉得你富有魅力。

（5）关注。这大概是5A法中最关键的一点，也是接下来几个章节的主题。关注是帮助他人建立自尊最有效的行为，也是个人快速拥有魅力的关键。当你对他人表示密切关注时，他们会更觉得自己重要且有价值，也会更喜欢你。

以上是增强自尊最有效的五大诀窍，通过练习加以掌握，能够有效提升你在社交圈和职场中的魅力和影响力。

▶ 提升魅力的技巧

> 下次与重要人物或共事者见面时，请进行以下练习：想象一下，小时候你有一个特别要好的朋友，

第四章
如何提升魅力

你们之间有许多重要的情感经历。但多年过去,你们早已失去联系,你根本不知道这位朋友去了哪里。

有一天,当你走在路上或正在参加某个社交聚会时,突然看见了他!你又惊又喜,回忆与情感一下子涌上心头,脑子里只想着一件事:"是你!"

哇!见到这位朋友你高兴无比。兴奋,喜悦,感恩,激动……你顿时百感交集。

就这样,下次你碰到重要的人,特别是所爱之人或关系亲密的朋友时,营造同样的感觉,表现得好像久别重逢,好像在大声宣告:"原来你在这儿!"见到他们令你喜不自禁,你向他们由衷地微笑,将所有注意力都集中到他们身上,把他们当作此刻世界上最重要的人来对待。如果你这么做了,那么无论是谁,都会认为你是个非常有魅力的人。

第五章
倾听的魔力

全神贯注是恭维的最高形式。

——戴尔·卡耐基(Dale Carnegie)

在社交或生意场合有效倾听的能力同其他技能一样重要。领导者最重要的特质之一,就是能够通过提问和认真倾听他人回答来收集信息。

《情商》(*Emotional Intelligence*)一书的作者丹尼尔·戈尔曼(Daniel Goleman)总结道:"情商,也就是与他人进行情感联络的能力,是取得成功的

第五章
倾听的魔力

关键,甚至比智商更重要。"戈尔曼认为,情商最高级的体现是"共情",即能够敏感地觉察到人们所说的话及其言下之意的能力。

哈佛大学心理学教授霍华德·加德纳(Howard Gardner)将这种品质定义为"社交商"。正如我们在本书序言中提到的,社交商是人们所能拥有的回报最高、最易获得尊敬的一种能力,而且这种能力是可以培养的——你只需成为一名好的倾听者。

有效倾听的四大关键

专注地听。不要打断,静静聆听,仿佛此刻世界上没有任何事情比对方在说的话更重要。

如果有人想要与你聊天,尤其是在家里,立即停止手头的一切活动,给予对方全部关注。

关掉电视,合上书或报纸,一心一意地听对方讲话。这种行为会立刻得到对方的认可与感激,并在对话过程中为你带来巨大的情感力量。

你一动不动地听着,好像完全被对方的话吸引了;想象你的双眼是聚光灯,让对方感到自己似乎是舞台上万众瞩目的明星。

当人们感觉自己在被认真聆听时,大脑会释放出一种名为内啡肽的生物化学物质。内啡肽是天然的"快乐激素",能让人们自我感觉良好,自尊心增强,更喜欢自己。最重要的是,由于你的全神贯注聆听,他们会更喜欢你、信任你,这种回报是十分珍贵的。

回答之前稍作停顿。不要在别人稍作停顿的时候急于回应,相反,停顿三至五秒钟的时间,允许

第五章
倾听的魔力

静默的存在,放轻松。

当你停顿时,会发生三件事,而且这些事都是有益的。第一,如果对方停下来只是为了整理思绪,那么你就可以避免打断对方。第二,稍作停顿会让对方感觉到他所说的话很重要,而你正在仔细思考。这样就可以增强对方的自我认知价值,并将你视为具有吸引力、充满智慧的人。第三,通过停顿,你实际上可以进一步地理解说话者的言外之意。找机会试一试,看看是否如此。

提问以请求阐明。绝对不要假设自己完全理解说话者的意思。相反,针对对方刚说完的话,提出疑问,帮助其阐明,如:"您的意思是?""您想表达的是?"

沟通最重要的法则之一是:**提问者拥有控制权**。

回答问题的人受到提问者的控制。人们回答问题时，注意力全都集中在自己所说的话上，除此之外，他们无法思考其他任何事情。所以说，回答问题的人完全被提问者控制了。

使用这一技巧的诀窍在于提出有思考价值的问题。所有伟大的沟通者都知道并经常使用这一诀窍。

反馈——用自己的话复述一遍。这一方法有助于检测倾听的有效性，并证明你是真的用心在听，而不是装模作样（"假听"在当今社会司空见惯）。

对方说完后，你稍作停顿，然后回复类似这样的话："所以，您做了那样的事，然后发生了这一切，现在您决定这样做，对吗？"

只有当对方确定这就是他的意思后，你才能继续。这时你可以接着提问或就对方刚刚的发言发表

第五章 倾听的魔力

意见。

为什么女性是出色的倾听者

总的来说,女性本就是很好的倾听者。磁共振成像(MRI)扫描的结果显示,女性在交流时,大脑七个智力中心全部参与其中,而男性只有两个。

男性在听女性讲话时,总是心不在焉,尤其是当电视机开着时。这是因为男性一次只能处理一种感官输入。例如,他们无法一边看电视,一边认真听别人讲话,而女性却能轻而易举地做到这一点。

男人一生中所能犯的最大错误就是在女人说话时不认真听。几乎每个男人都听过女人的愤怒指责:"你根本没在听我说话!"

一般男人都会快速回应道："没有，我在听。"

这下就被女人抓住了把柄。只见她交叉手臂，咄咄逼人地问道："好的，既然这样，那你说我刚刚说了什么？"

只有当男人准确回答了这个问题，女人才会相信他刚刚真的在听。

为了成为富有魅力之人，你必须学习掌握倾听的技巧，这对于男性尤其重要。刚开始时，有效倾听可能需要自律与决心，但一段时间后，这将变得自然且容易。

躬身入局

有效倾听意味着躬身入局，它不是"借我你的

第五章
倾听的魔力

耳朵,我告诉你一件事"一样的倾听,而是让别人相信你完全参与到了对话中。

> **罗恩:依靠倾听迷倒众人**
>
> 我记得有一次,我的一位朋友举办了一场派对。在派对上,她跟一位我并不熟悉的宾客聊得火热。待这位宾客离开后,我的朋友走过来对我说:"你认识罗杰·皮特(Roger Pitt)吗,就是刚才跟我聊天的那位?""我不认识。""好吧,我跟你讲,他是我见过的最有魅力的人。他十分健谈,说话清晰,睿智又风趣,你一定要见见他!"
>
> 我在心里偷笑。"十分健谈,说话清晰,睿

智又风趣"，据我刚刚的观察，罗杰说话不超过两句。但我注意到，他确实是位出色的倾听者。正因如此，他完全迷住了我的朋友。

▶ 提升魅力的技巧

试试这四个有效的倾听技巧：专注地听、回答之前稍作停顿、提出有思考价值的问题、用自己的话复述一遍。每次尝试一个技巧，从在家或工作场合专注聆听开始。不要试图打断别人，你只需仔细倾听对方说的每一句话。

接着综合使用这些技巧来练习控制和主导对话。你会发现，通过提问并仔细倾听对方回答，只需几

第五章
倾听的魔力

分钟便可与此人进行更为深入的交流。但如果只是一味地说话，不加提问，也许要花费几周时间才能推进对话进程。

第六章
如何吸引女性

多弗尔（Dover）心想，如果上帝创造了比女孩更好的东西，他肯定会留给自己。

——纳尔逊·阿尔格林（Nelson Algren），

《荒野漫步》（*A Walk on the Wild Side*）

男性和女性不光身体结构上存在差异，其他方面也有所不同。

魅力最重要的应用之一就是吸引你身边的女性。女性喜欢富有魅力的男人，她们会一直想要与他们

第六章 如何吸引女性

相处。

为了吸引女性,你必须理解她们的想法与感受;若想让女性喜欢你,你必须通过言语和行动,从情感上打动她们。

大多数女性的个人价值与自尊主要源于生活中人际关系的质量,尤其是与重要人物关系的质量。女性比男性更注重外表,也更在意别人看待自己、对待自己的方式。

女性的三个深层次需求

喜爱、关注与尊敬是多数女性最重要的情感需求,她们利用两个标准来评判他人:①**对方对自己的关怀与照顾**;②**对方的自信与能力**。女性可以透过说话者的外表看见其内心。

吸引女性的方法就是完全地、百分之百地被她这个人所吸引，被她说的每一句话所吸引，而不打断或终止她的谈话。就像两个坠入爱河的年轻人并排坐着，深情凝视对方的眼睛一样，你也应该让自己完全着迷于你正在交谈的、想要迷倒的那位女性。

少说，多听

一位女喜剧演员曾说道："我喜欢到我的心理治疗师那儿去，就我自己的事滔滔不绝谈上一小时，就像男人第一次约会那样。"这个说法完全真实。

下次与你在意的女性聊天时，需抑制住自己侃

第六章 如何吸引女性

侃而谈的冲动。相反,要向对方提问,可以问问她的个人情况,她的生活,她的忧虑,等等,并安静认真地聆听对方回答。她会发现你十分有魅力。

博恩:聆听与提问

多年前,那时我还单身,我与一位漂亮的年轻女性一起吃晚饭。整个晚饭过程中,我一步步地向她提问,了解她的个人情况。在某一时刻,她向我敞开了心扉,告诉了我一件发生在她身上的十分悲伤的事。

她在回忆此事时,流露出来的悲痛深深打动了我,我不禁皱起了眉头。"对此我深表遗憾。"我发自内心地说道。我们坐在那儿沉默了好几分

> 钟，我没有给予任何评论，只是握住她的手，用陪伴帮助她平复心情。
>
> 这是一段美妙关系的开始。我对她的感受及经历表现出真诚的关切，这使我们之间构筑起了牢固的纽带。

给他人留下深刻印象还是被他人折服？

当你想要吸引某位女性时，不要谈论你自己，试图给其留下深刻印象。相反，你应该让她给你留下深刻的印象。向她提问，了解她的期望与担忧，她的个人背景，她的目标与渴望。与她交流时，要

第六章
如何吸引女性

表现得对方像是你见过的最迷人的人。

你越被她这个人、她的观点和想法、她的性格特点所折服,她越会对你印象深刻。她将发现你具有十足的魅力。

▶ 提升魅力的技巧

在你的生活或工作中,选择一位女性,想象她是你见过的最风趣、最迷人的人。彬彬有礼地对待她,向她致以高度敬意,认真聆听她所说的每句话。提问并仔细倾听回答,不要打断对方,也不要聊你自己的事,看看对方可以持续说多久。

下回你遇到自己喜欢的女性时,练习第四章中介绍的接纳、欣赏与认同三种技巧。询问对方的工作与个人生活,找到对方令你折服的点。这些行为的神奇之处在于,你练习的次数越多,就越能真实地感受到对方的有趣与迷人之处。与此同时,她也会认为你具有不同寻常的魅力。

第七章
如何吸引男性

男人分三类——爱智者,慕荣者,逐利者。

——柏拉图

吸引男性

从以往的经验来看,当男性试图散发魅力时,女性总怀疑他们别有动机。相比之下,男性对于女性的魅力并无多大防备,只要方法正确,他们乐意被你吸引。

魅力的力量
THE POWER OF CHARM: HOW TO WIN ANYONE OVER IN ANY SITUATION

男性最大的价值感源于成就、地位及其生活中重要人物的尊敬。对于赚钱养家这件事，他们往往充满动力，因为这对他们的自我形象与身份十分重要。男性无论取得了多少成就，都难以拥有安全感。为了争取到更多成就，部分男性甚至可以从不休息，拼命干活。

心理学家认为，男性具有所谓的"地位危机感"。许多人内心深处都有种莫名的恐惧，害怕自己取得的成就会在某一时刻被全数剥夺。因此他们必须不断获取成就，无论过去已经取得了多少。

吸引男性的关键很简单——向他们提问并赞赏他们的成就。认可并感谢他们的工作和成果，折服于他们现在正在做和已经完成的事，他们就会发现你十分迷人。

第七章 如何吸引男性

博恩：赞扬成就

我的儿子迈克尔（Michael）大概五岁时，有一天他放学回家，看上去非常开心。我问他："今天在学校过得怎么样？"

他非常开心地对我说："我的老师告诉我，她真的为我感到骄傲。"随后他又重复了一遍，好像这件事非常重要："她真的为我感到骄傲。"

我立刻意识到这位老师触及了我儿子内心深处的情感需求，而我其实也可以做到。从那天起，只要我的孩子做了值得表扬的事，我就会告诉他们："我真的为你们感到骄傲。"每当我这么说时，我能察觉他们的自尊心和个人价值感显著增强。

作为一名职业演讲家,我每年会遇见数千人。不论什么时候,只要有人告诉我他所取得的某些成就,我都会说类似的话:"对此你一定很骄傲。"

人们,尤其是男人,听到自己尊敬的人用类似的话鼓励自己,内心往往深受触动。他们会觉得十分感动,也会觉得说话者富有魅力。

男性的需求

当你相信男性有能力获得成功或做出贡献时,

第七章 如何吸引男性

他们就会被你吸引。

女性朝男性微笑时,会让他们觉得快乐,并提高他们的自尊心和安全感。任何表扬、认可或欣赏男性成就的表达,都可以温暖他们的心灵,让他们觉得你是个特别有眼光的人。

当男性讲话或谈论他们的工作与职业生涯时,若你能全神贯注聆听,使用本书中介绍的倾听技巧,那么对方就会觉得你极其迷人。

也许你经常看到一位帅气又成功的男士却与一位相貌平平的女人在一起,然后发出这样的疑惑:"他到底看上她哪点了?"

答案是:**"他看上了她眼中的自己!"** 当女性看向男性时,如果她看见的是一个有价值且重要的人,那么这位男性便会发觉她的魅力无可抗拒。他完全被迷住了。

▶ 提升魅力的技巧

任选一位你认识的男性,问他一个简单的问题,如:"你的工作进展如何?"在他回答的过程中,凑近并认真倾听,好像他的回答十分吸引人一样。

当他放慢语速或停下来时(其实他是在试探你是否真的感兴趣),你可以接着问:"后来发生了什么?"或"当时你做(说)了什么?"这时,他几乎会立刻回复你,你也因此多了一次倾听和赞赏对方成就的机会。

第八章
散发魅力应该"由内而外"还是"由外而内"

> 名人时代的根本原则：你是怎样的人并不重要，重要的是人们认为你是怎样的人。
>
> ——兰斯·莫罗（Lance Morrow）

现在你已经知道了吸引他人的基本方法，也知道了如何才能触及人们深层次的情感需求，接下来我们来看看魅力起作用的缘由。了解这些缘由后，你可以更好地练习本书中介绍的技巧，从而更为自如地施展魅力。

戏剧表演的核心方法有两种：美式方法（由内而外）和欧式方法（由外而内）。使用美式方法时，演员首先会在内心构建出戏剧中的某个人物形象，然后寻找自身与该角色的相似之处。利用这些相似之处，演员一层层向外构建，最终构建出所扮演角色的所有态度及行为（该方法的缺点：演员不得不花费大量时间说服自己，但仍无法保证能够说服他人）。

自我完善时也会用到类似的办法：我们通过审视内心来理解自己的行为，理解自己为什么会做这件事、说这句话；我们相信，一旦改变内在的想法，外在的行为也将得到改变。这种办法有时候会起作用，有时候并没什么效果。

第八章 散发魅力应该"由内而外"还是"由外而内"

欧式方法

使用欧式方法塑造人物形象时,演员首先构建他们所扮演角色的外在行为,例如角色行走的姿态和说话的方式。然后再一层层地向内构建,找到角色的心理状态。

这种方法同样可用于自我完善。通过改变外在行为,我们既可以影响他人的感觉,也可以影响自己的内心感受。例如,如果你表现得十分开心,那么别人就会相信你很快乐。与此同时,你自己也会开始感到快乐。

本书旨在教你由外而内地散发魅力。在本书中,你能够学习特定技巧来改变自己的外在行为,从而自如地掌控自己在他人眼中的形象。至于内心,则会因为外在行为的改变产生相应的变化。

> ### 罗恩：出乎意料的转变
>
> 米里亚姆（Miriam）是我们的一位老朋友，几天前，她在餐桌上突然情绪爆发，为此，她特地前来向我们道歉。米里亚姆的情绪经常摇摆不定，爆发起来十分惊人。她提到，她连续七年都在看同一位心理医生。"七年！"我的妻子惊叹道，"这也太久了吧。"
>
> 我问："告诉我，你觉得你的钱花得值吗？"说完，妻子冷冷地向我看了一眼。
>
> 米里亚姆思考了片刻，回答道："可以说值，也可以说不值。我理解了为什么我会做出那样的

第八章
散发魅力应该"由内而外"还是"由外而内"

行为,但我仍然无法控制自己。所以我一直想知道我所投入的时间和金钱是否值得。"

她坐在那儿,看起来十分沮丧和失败。

尼基说:"你想过换个心理医生看看吗?我们知道一位专门研究行为问题的心理医生,你愿意和他聊聊吗?也许他可以帮到你。"

米里亚姆沉默了一会儿,"我试试吧。"她长叹一口气,"反正我也没什么可以失去的了。"

接下来很长一段时间里,我们都没有见过米里亚姆,也没有收到她的任何消息。一天夜里,她突然打电话过来。

"嗨,罗恩,我是米里亚姆。"

"嗨,米里亚姆,你还好吗?"

"我近来很好。"她回复道。

"那位心理医生呢,你联系他了吗?"我问。

"是的,我已经找了他好几周了,而且情况有了明显的好转。有意思的是,他并不在乎我为什么会做出这样或那样的行为,他将重点放在我怎样才能做出行为上的改变。"

几个月后,我们在一次晚宴上见到米里亚姆,她的转变非常惊人,她不再困扰于那些原本会让她拍桌子或激烈争执的事,和她在一起变得非常愉悦。

当我们谈到她的转变时,米里亚姆说道:

第八章 散发魅力应该"由内而外"还是"由外而内"

> "现在,无论我的内心如何波动,我都可以控制自己的行为。而且,我变得不再像过去那样焦躁不安了。我发现行为的改变极大地减少了我的焦虑。"

专注于行为

米里亚姆的故事揭示了"由内而外"和"由外而内"这两种方法的区别,后者可能更容易应用于日常生活。知道自己为什么会做出这样的行为并不意味着你知道如何改变它,如果你真的想改变,少担心"为什么",多关注"怎么做"。对于我们来说,由外而内地改变往往要比由内而外地改变更快、更容易。

行为就是一切

回到本书第一章开头所举的例子，你认为比尔·克林顿真的对马克·桑布恩感兴趣吗？又或者他的温暖、他的完全关注只是表现出来的行为？但话说回来，这真的重要吗？不论你头脑中在想什么，人们总是根据你的行为来评判你。如果你表现得好像你厌恶此事，那么你就是厌恶此事；如果你表现得好像你热爱此事，那么你就是热爱此事；如果你表现得好像你在意此事，那么你就是在意此事。

总之，无论我们的"内心戏"如何丰富，人们总

第八章
散发魅力应该"由内而外"还是"由外而内"

是依据我们的行为来进行判断,然后据此做出反应。

> **提升魅力的技巧**

不要过多纠结于改变自己的想法和心理活动,因为这往往要花很长时间才能看见成效。相反,专注于行为上的改变可能对你更有帮助。例如,想象自己已经是个魅力非凡的人,去做魅力人士会做的事。

选择一个你认为已经很有魅力的人,回想他在交流过程中对待他人的方式。待你下次与人交流时,试着运用同样的方法,看看会有什么效果。

第九章
关注的力量

对话过程中,我们之所以感到快乐,不仅是因为我们感受到了交谈者的魅力,更是因为让他们发现了我们的魅力。

——富尔克·格雷维尔(Fulke Greville)

我相信几乎每个人都熟悉以下场面,尤其是在吃饭的时候:

她:"你没在听我讲话!"
他:"我在听!"

第九章
关注的力量

她:"不,你没在听!"

他:"我说了我在听!"

她:"我说了你没在听!"

他:"我真的在听,我可以重复你说的每句话!"

她:"我才不管你能不能重复,反正你没有在听我讲话!"

她真正想要告诉他的是,即使他能够100%重复之前的对话,也没法让她相信他给予了她全部的关注。

全神贯注

若想散发魅力,便需全神贯注——尤其是在倾听时。如果你的态度像是在说"我并不关心,也懒得对你做出回应",那么你便是位糟糕的聆听者。如果你没有做出任何行为表明自己正在认真倾听,那么对方就可能认为你心不在焉。

不论是在生活中还是职场上,好的人际关系建立在许多品质之上,而最重要的品质,便是成为他人眼里具备同理心的倾听者。越擅长倾听的人,在人际关系中就越重要。但怎样才能让对方知道自己正在全神贯注地聆听呢?

学习出色倾听者会做的事——给出自己正在倾听的信号。你的行为和肢体语言应需表明:"我完全专注于你所说的话,每字每句于我而言都十分重要。"

能够发出这些信号的人被称为"聚精会神的听众"(attentive listeners),反之则被称为"漫不经心的听众"(inattentive listeners)。

第九章 关注的力量

给予认可和保证

实际上,这些信号代表的是"认可"与"保证"。聚精会神的听众使用这些信号来认可他人的存在,并向其保证自己真的在认真聆听。他们知道,"此时此刻"的关注会让说话者感受到自己是特别的、重要的。试着在交流中发出倾听的信号,随着练习的次数增加,你的魅力也会提升。

提升魅力的技巧

下次与人交流时,努力去认可对方的存在,并保证自己完全投入对话。直接面对说话者,试着向他发出自己正在倾听的信号,专注于他所说的每句话,做一名"聚精会神的听众"。

第十章
第一个信号：目光接触

一盎司（约 0.03 千克）的对话胜过一磅（约 0.45 千克）的独白。

——佚名

如何判断对方是否在听你讲话？目光接触是最简单而直接的信号。如果对方的目光不在你身上，那么他可能并没有认真听你讲话。

"当我跟你讲话时，你能不能看着我？"这句话你也许说过无数次，尤其是在教育孩子时。你说话

第十章
第一个信号：目光接触

时对方却不看着你，这是一件多么令人恼火的事情。反之，如果对方将目光聚焦于你，你会感觉舒服很多。

博恩：做个小实验

为了清楚地了解目光接触的重要性，你可以做个小实验：对话开始时，直视与你交谈的人，然后慢慢将视线移向远处，直至不再看向对方。这时他几乎会立刻做出反应，例如话说到一半就停下来。相信我，这个实验屡试不爽。

罗恩：目光游离的危险

早年学表演时，我需要练习击剑。我的教练斯坦利·科根（Stanley Coghan）是个好老师，他为人谦逊，性格安静。然而，只要一开始上课，他就变得十分恐怖，如果在他纠正动作或示范招式的时候，我的目光游离了，那可就惨了。他会突然捏住我的下巴，十分用力，导致手臂上青筋凸起。当我感觉自己的下巴快要被捏碎时，他就慢慢把我的头转向他，低声道："当我跟你说话时，请看着我！"经过几次这样的提醒后，我的目光再也不敢"开小差"了。

进行直接的目光接触，这是人们知道你在认真倾听的最基本方法。给予的目光接触越多，看起来便越投入。

那么到底应该给予多少目光接触呢？答案是

第十章
第一个信号：目光接触

多多益善，理想状态下，应该为百分之百。频繁或长时间地看向别处，几乎必定会引起他人的反感。他们会开始想"我好无趣，他肯定不喜欢我"或"看样子她对我所说的话并不感兴趣"。

缺乏目光接触不会给他人带来任何积极的想法。为了成为他人眼中的魅力之人，请在聆听时直视说话者，给予尽可能多的目光。

▶ 提升魅力的技巧

下次对话时，练习保持"投入"的状态。如果你想迷住他人，就必须做到这一点。无论与对方交流一分钟还是一小时，都要让自己完全集中注意力，保持"投入"的状态。如果你表现得漫不经心，便无法吸引他人。

下决心养成直视说话者的习惯。换句话说，你的眼睛应该看向说话者的眼睛，而不是他们的鼻梁、额头或侧脸。集中注意力，不要受到现场其他人或事物的干扰，也不要偏移视线，去看吧台或餐桌。始终将视线和注意力集中在说话者身上，直到他们说完为止。

除了社交和工作场合，在家也可以练习这一技巧。一旦发现自己能够轻松自然地给予他人密切关注，那么进行目光接触的能力便从"好"上升为"卓越"——而卓越的目光接触对于魅力高手来说是一项必要的技能，这也引入了第十一章的话题：目光闪动。

第十一章
第二个信号：目光闪动

人之所以有两只耳朵一张嘴巴，是因为听的要比说的多。

——芝诺（Zeno of Citium）

从进行"好的目光接触"到"卓越的目光接触"，你需要掌握一项额外的技能，那就是"目光闪动"。该技能可以令目光接触更自然，也有助于避免因过于强烈的眼神交流而给说话者造成威胁感。此外，它还表明了你在这段对话中的投入程度。

那么什么是目光闪动呢？它是指在倾听时，你将目光从说话者的一只眼睛轻而快地移动到另一只眼睛上。如果想要更具象地理解这个动作,不妨去看看电视剧中男女主角深情对望的浪漫桥段。你会发现,当女主角凝视着男主角的眼睛时,她的目光会从男主角的一只眼睛轻而快地移到另一只眼睛上,有时甚至会在其双眼及唇间轻快移动,勾勒出一个倒三角形,让目光接触变得亲密而性感。男主角亦是如此,他们借助闪动的目光,积极而热切地向对方倾诉着深情与爱意。

真听还是假听

你也许经历过与上述电视桥段中完全相反的眼神交流:对方一直在看着你,似乎在与你进行百分

第十一章
第二个信号：目光闪动

之百的目光接触。然而，他的眼神呆滞而空洞，虽然盯着你，但注意力却不在此处，这立刻证实了你最糟糕的预感——他对你所说的话毫无兴趣，他在"假听"！

是什么造成了听者目光的空洞？这是因为他们的眼睛缺乏活动。换句话说，他们的双眼似乎固定在一个地方——只是盯着说话者。而且盯的时间越长，说话者越会感觉不舒服，甚至会被惹怒。

活动双眼

如果想让别人"看见"自己正在认真聆听，就必须活动你的双眼。正如电视剧里所演的那样，你的眼睛活动越多，看起来就越投入；活动越少，看起来就越呆滞；如果眼睛没有任何活动，那么在别人眼中，你根本就没有投入对话。

"不活动，无投入"的典型例子是两届美国总统候选人罗斯·佩罗（Ross Perot）。每当罗斯在电视上出现时，不论是他自己讲话还是听别人讲话，他都很少活动自己的眼睛。他似乎从来不眨眼，只是一动不动地盯着看，这表明他没有其他任何想法，也并未权衡所讲内容的意义和价值。他的观点早在节目录制前就已经准备好了，他关注的只是自己接下来要讲什么。

▶ 提升魅力的技巧

一旦学会给予足够多的目光接触，就可以开始练习目光闪动的技巧。下次倾听时，记得时不时地

第十一章
第二个信号：目光闪动

将目光在说话者双眼间来回移动。但不要做得太频繁，你肯定不希望自己看起来像是得了面部痉挛！经过几次练习后，你很快就会发现自己不必刻意闪动目光——聆听时，目光便会自然而然地闪动起来。

如果想要知道目光多久闪动一次才合适，不妨去观察那些真正擅长倾听的人，了解他们在工作和社交生活中，以及电视节目上进行双向交流的方式。由此，你将获得具象化的感受，知道如何闪动目光才是合适的。

目光闪动是告诉说话者你很感兴趣的重要信号之一。接下来，我们来看看另一种展现魅力的方式。

第十二章
第三个信号：头部侧倾

交际中，自信比智慧更重要。

——拉·罗什富科（La Rochefoucauld）

身体与头部的动作会对其他人产生巨大影响。

如果你养狗，你会感觉有的时候狗狗在听你说话，甚至听得懂你在说什么，这就是为什么人们常说狗是人类最好的朋友。你可以从它们身上学到宝贵的一课。

第十二章
第三个信号:头部侧倾

罗恩:如何看起来充满好奇

多年前,妻子尼基在我不知情的情况下带回家一只小狗。她想征求一下我的意见,但她一见到这只小狗,就难以自拔地爱上了它。当我晚上到家时,小狗已经在家了,是一只非常可爱的斑点狗,它叫佩珀。就在我蹲下来跟它打招呼的时候,它也正好跳起来跟我问好,于是我们的嘴巴狠狠地撞到了一起,我的嘴唇都被撞破了。虽然我们的第一次会面并不算愉快,但随着日子一天天过去,我和妻子都爱上了小狗佩珀。

我们经常跟它对话,而且每当我们说话时,佩珀的头总是朝左或朝右歪着,好像能听懂我们讲话似的。虽然常识告诉我们这是不可能的，但它看起来确实像是知道我们在说什么！

在听别人讲话时，如果你也能像佩珀一样，不时侧倾头部，那么你就会显得更专注、更好奇。尤其是在说话者谈论其认为重要的事情时，如果你能使用这个技巧，那么就会显得非常专心和投入，对方也会发觉你这个小动作十分迷人。

▶ 提升魅力的技巧

下次有人与你谈话时，尤其是谈论对其而言重要的事，试试把头往一侧倾斜。你甚至可以事先对着镜子练习几遍，看看镜子里的自己是什么模样。

第十二章
第三个信号：头部侧倾

还有另一条规则需要注意：听的时候歪着头，但说话时，要把头竖直。

随后综合目前为止所学的三个信号进行练习：每次交谈时，都与谈话者进行直接的目光接触，同时闪动目光，聆听时注意向左或向右倾斜头部。

出色的聆听者用信号系统来表达"我完全专注于你正在说的话"，这三个信号是信号系统的一部分。它们虽然微小，却十分有力地表明了倾听的深度和参与对话的程度。

第十三章
第四个信号：点头

没有争吵不休，也没有夸夸其谈，大家只是平和、安静地交流各自意见，这样的对话是最幸福的对话。

——塞缪尔·约翰逊（Samuel Johnson）

点头是聆听时散发魅力的另一项重要技巧。一部分人聆听时往往会出于本能地点头，而另一部分人根本不怎么点头。试着观察人们聆听时的反应，你会发现点头这个动作非常有价值。如果人们聆听时不点头，那么其魅力和能量就会大大降低。

第十三章
第四个信号：点头

罗恩：电视采访中的点头短镜头

有一次，一位电视台记者带着一名摄像师来我家进行采访。就在摄像师布置灯光期间，我和记者聊了一会儿，大概了解了她等会儿可能会问的问题。然后采访就正式开始了。

采访过程中，我发现摄像师一直把镜头对着我，从不切换到记者身上。我心想："如果一直这样下去，最终采访视频中只有我的头部特写。整个视频全是我，看不到记者的人，只能听见她的声音。"这令我感到不愉快。

访谈结束后，记者接着让摄像师录制她的反应镜头。我看着很好奇，不禁问道："为什么要把你的反应分开录制？"她回答说："我想在你家进行采访，但我又不能带两个相机过来，所以只好分开录制，到时候再剪进去。"

我的表情看起来一定很困惑，因此她接着解释道："如果不能同时录制我们两个人的反应，就必须分开录制，这就叫'noddies'（电视采访中的点头短镜头）。"

"但这样不会显得很虚假吗？"我问道。

记者笑着说："不会，只要剪辑得好，就不存在这个问题。我向你保证，观众丝毫不会受此影响。"

后来我看了这个采访视频，不得不承认，她

第十三章
第四个信号：点头

的点头短镜头看起来的确非常真实。

点头能够清楚地表明聆听者的专注程度、想法与感受。点头的方法有三种：缓缓点头、快速点头和飞速点头，每种方法都有其特殊的含义和用途。

缓缓点头表明："我正在听你说；我正在思考你说的话。"缓慢点头并不意味着同意对方的观点。

快速点头表明："你说得对，我同意。"

飞速点头表明："我完全赞同，你所说的让我感到非常兴奋。"

跟朋友聊天时试试这三种不同的点头方式，看看效果如何。

❯ 提升魅力的技巧

点头是散发魅力的重要方式,它既可以告诉对方你正在倾听,也可以向对方表明自己是个热心、友好的人。听者需要养成点头的习惯,积极主动地回应对方。如果你忘了点头,只是一动不动地在那儿听讲,就会让大多数说话者感到难堪。

第十四章
第五个信号：肢体语言

交谈时，牢记你是对自己所说的话最感兴趣的人。

——安德鲁·罗恩（Andrew S.Roone）

当你坐着与人交谈时，身体面对的方向及坐姿表明了你对说话者及谈话内容感兴趣的程度。如果你将身体凑近说话者，那么就好像在告诉对方：**"我发觉你十分迷人，你身上有一种特别的魔力吸引着我。"** 反之则表明：**"和你聊天太无聊了。与其和你聊天，还不如去做其他事情。"**

根据经验，坐着与人交谈时试着将你的整个身体朝向对方。如果习惯跷二郎腿，那么要让上面那条腿的膝盖**朝向**对方。确保双臂不要交叉，说话时可用手势来进行强调。运用这些方法后，你便能展现出愿意交谈、乐于接纳的姿态，同时也显得尊重对方。

当你站着时，注意自己与交谈者之间的距离。想知道距离多远才合适？可以从自己的反应入手。如果对方离你过近，你会试图远离；对方离你过远，你会主动靠近。接着推己及人，如果对方试图靠近你，那么你们之间的距离就是太远了；如果对方试图远离你，那么你就是侵犯到他的舒适区域了。

第十四章
第五个信号：肢体语言

🫀 交际同心圆

以自己为圆心，想象有三个同心圆。第一个圆的半径为 2 英尺（约 0.6 米），圆内为个人和亲密空间，专为伴侣和家人预留。如果你只是对方工作上的伙伴或普通朋友，却误入了这个空间，那么就会让对方感到不舒服，甚至产生威胁感。

第二个圆的半径为 6 英尺（约 1.8 米），它与第一个圆构成的圆环区域为社交空间，适用于工作伙伴和普通朋友。若想展现自己的魅力，必须确保自己身处此区域内，不要超出第二个圆，也不要进入第一个圆。

第三个圆的半径为 8 英尺（约 2.4 米）或 10 英尺（约 3 米），它与第二个圆构成的圆环区域为安全区，适用于交际对象为陌生人的情况。如果有不认识的人突然进入了你的交际圈，距离你小于 6 英尺，那么就会引起你的警觉和注意。

罗恩：建立舒适区域

野生动物特别在意自己活动空间的完整性。我和妻子曾前往非洲西南部国家纳米比亚（Namibia）游玩，骷髅海岸十字角海豹保护区（Cape Cross on the Skeleton Coast）是当地的特色景点之一。有介绍称，该保护区每天都有 25 万~35 万只海豹在海滩上晒太阳或在海里游泳。

放眼望去，整个海岸上躺满了海豹，走在它们中间的感觉非常奇妙（只要忽略那强烈的臭

第十四章
第五个信号：肢体语言

气）。一旦我们走近，它们就挪开；我们停下，它们也停下；我们走几步，它们挪几步。海豹有其必须保持的"舒适区域"，人类也一样：靠太近就侵犯了他人的舒适区，甚至会对他人造成威胁；离太远又显得很疏离，破坏了原有的亲密关系。

用身体说话

无论坐着还是站着，如果想用自己的身体告诉对方"我觉得你说的话非常吸引人"，那么就将身体前倾或靠近对方，但注意不要靠得太近，以免入侵他人的舒适区。

美国喜剧《宋飞正传》(*Seinfeld*)第五季第十八集中,杰瑞(Jerry)把伊莱恩(Elaine)最新结交的男朋友亚伦(Aaron)称为"近距离交谈者"(close talker),这是因为亚伦和人说话时,总是靠得特别近,导致对方不得不向后弯腰,以免碰到他的脸。像亚伦这样的"近距离交谈者",由于与他人交谈时靠得太近,反而显得具有侵略性且不顾他人感受。

▶ 提升魅力的技巧

下次与人交谈时,记得将整个身体面向对方,并给予其全部关注。

坐着与人交谈时,前倾身体,看着对方的眼睛

第十四章
第五个信号：肢体语言

和嘴巴，并闪动目光。如果交叉腿坐着，那么要让上面那条腿的膝盖朝向对方。

站着时，确保自己与交谈者之间保持合适的距离（2~4英尺，约0.6~1.2米）。正面朝向对方，将身体的重心轻轻移至前脚掌。这种移动不会被对方察觉，但他会感觉你完全被他所说的话吸引住了。

始终保持整个身体面向说话者。

放松手臂，不要交叉，说话时加上生动的手势。

如果对方在谈重要的事，那么将身体再往前倾一点；如果话题轻松幽默，那么就靠后一点；当你想表现得专心时，身体再前倾回原来的姿势。

上述种种都表明了你着迷于对方所说的话。这些技巧将提升说话者的自我价值感，让他们更喜欢你。

第十五章
第六个信号：应避免的肢体语言

> 友谊常常令彼此产生一种强烈的意愿，即让对方变得更好、更幸福。
>
> ——尤斯塔斯·布格尔（Eustace Budgell）

积极的肢体语言可以显著地提升魅力值，消极的肢体语言则会降低魅力值。许多不善倾听的人常因摆出消极的肢体语言而感到愧疚，你自己也可能不小心有过某些举动。如果真是这样，记得以后避免摆出以下姿势。

第十五章
第六个信号：应避免的肢体语言

不善倾听者往往将头转向说话者，身体却朝向别处。这让人感觉他们并不在意对方在说什么，只是假装在听罢了。

此外，不善倾听者双腿交叉坐着时，上面那条腿的膝盖往往朝向别处，因此看起来像是完全不想接收对方的信息一样。

另一个消极的肢体语言是坐着时整个人陷进椅子里，仿佛想穿透椅背，逃离说话者似的。若想改变这一姿势，最好的方法就是坐直，不要让自己的后背碰到椅背。

很多情况下，人们倾听时习惯抱住或交叉双臂，这同样是种消极的肢体语言，会让说话者误以为你不愿意接受他的观点。为了避免造成此类误解，听者应该放松双臂，摊开手掌，以此表明自己诚恳及乐于倾听的态度。

观察他人的行为。如果你是说话者,当你看见对方表现出消极的肢体语言时,他其实是在下意识地告诉你,他对你说的话并不感兴趣,甚至完全反对你的观点。在私人关系中,尤其是家人之间,这些消极的信号表明,对方正忙于另一件事。在这件事得到解决之前,他没法将注意力放到你身上。

加州大学洛杉矶分校的阿尔伯特·梅赫拉比安(Albert Mehrabian)博士曾在多年前开展了一项关于沟通的重要研究。研究结果表明,面对面谈话中,肢体语言传递的信息占到了总信息量的55%,语音语调占38%,而话语本身仅占7%。人们可以迅速地阅读对方的肢体语言,然后据此做出判断,即使这种判断并不正确。因此在对话中,你一定要时刻注

第十五章
第六个信号：应避免的肢体语言

意自己的肢体语言，避免摆出消极姿态。

事实上，对于肢体语言，女性要比男性敏感得多。研究表明，让女性参与五十对夫妻的社交集会，她能在入场后的十分钟内评估完每一对夫妻的关系状况。而男性即使在相同的房间内徘徊数小时，也无法得出结论。

> **罗恩：控制自己的肢体语言**
>
> 我曾经为一位名叫布鲁斯（Bruce）的客户做过形象培训，是他的律师介绍他到我这里来的。在一场涉案金额很高的官司中，布鲁斯声称其新雇主故意编造虚假情况，欺骗了自己。布鲁斯将以视频形式，接受辩护律师的取证。该辩护

律师的攻击性非常强,为了测试布鲁斯在视频取证过程中的表现,布鲁斯的律师假扮自己是那位辩护律师,向布鲁斯提出了一系列可能会被问到的问题。同时,律师将整个模拟取证过程录了下来,以便回放观看。但只看了一眼录像,律师便联系了我。

我决定自己录制视频,为此,律师给我提供了取证过程中可能会问到的问题。布鲁斯到达后,我邀请他入座,并架起摄像机。我假扮辩护律师盘问布鲁斯,但对其回答不做任何评论,只是想看看他如何表现。

随后我把拍好的录像回放给他看,他大吃

第十五章
第六个信号：应避免的肢体语言

一惊。

布鲁斯是个又高又胖的家伙，穿的衣服价值不菲但明显有点紧。在录像中，他整个人瘫坐在椅子上，肚腩大得几乎要把衬衫撑破。布鲁斯几乎从未变换过姿势，即使在我们对话时，他也只是瘫在那儿，远离摄像头。

我又回放了一遍录像，问他："客观地说，如果你是陪审团的一位成员，看了这个视频，你会对原告产生什么样的印象？"

布鲁斯头脑很清楚，他尽量真实地去评价自己的表现："原告看起来有点超重，也许还有点过于自信，给人留下的印象并不好。"

他重新看了一会儿录像,说道:"事实上,他给人留下的印象可能很差。"

"那你呢?如果你是陪审团的一位成员,你会怎么看待这位原告呢?"布鲁斯转过头来问我。

我脱口而出:"胖子,赚了很多钱,自以为是,傲慢无礼,什么都不在乎。这类人都一个样,看我给他点颜色瞧瞧。"

实际上,布鲁斯并不是这样的人,但他的肢体语言和行为举止给不认识他的人留下了如此消极的印象。

在接下来的形象培训中,布鲁斯减掉了一些体重(防止坐着时把衬衫撑破),学会了坐直身

第十五章
第六个信号：应避免的肢体语言

体，声音也变得柔和，甚至还会不时地前倾身体，从而表现出自己特别渴望回答他们的问题。看到他从"肥胖的暴发户"转变为"优雅的巨人"，我感到十分欣慰。最终，布鲁斯打赢了官司。

有时候人们交叉双臂或瘫坐在椅子上，仅仅是因为这么做很舒服。但与人交际时，我们得时刻注意自己的言行举止，一旦发现消极的肢体语言，要及时纠正过来。若想变得迷人、具有说服力，我们必须学会控制自己的肢体语言，确保向外传递正确的信号。

提升魅力的技巧

不论是在家还是在工作场合,都要注意自己的肢体语言。有意识地去用身体传达积极的信息,通过站姿和坐姿让别人感受到你的温暖、关心和专注。

观察他人的肢体语言,看看他们在传递何种信息。调低电视音量,试着去判断不同的演员在说什么、想什么。

第十六章
第七个信号：声音安抚

如果你把快乐告诉一个朋友，你将得到两份快乐；如果你把忧愁向一个朋友倾吐，你将被分掉一半忧愁。

——弗朗西斯·培根（Francis Bacon）

你会发现，善于倾听者经常会发出"嗯""啊""哦"之类的声音，以此安抚说话者——"我正在十分专注地听你讲话"，这就是所谓的"声音安抚"（vocal reassurances）。声音安抚很容易就会被说话者注意到，也受到他们的喜欢。适时做出声音安抚可以增加你的魅力值。

❯ 提升魅力的技巧

倾听时,不要沉默,记得发出"嗯""啊""哦"等声音来安抚说话者。什么时候发声?让你的直觉指引你。

将目光接触、点头与声音安抚相结合,这些信号将一起告诉说话者你正在认真聆听,思考他所说的话。如果对方越说越兴奋,那么你也要略微提高音量,以显示自己感兴趣的程度。

第十七章
第八个信号：语言安抚

朋友就是可以坦诚相对的人。在朋友面前，我可以畅言心声。

——拉尔夫·瓦尔多·爱默生

（Ralph Waldo Emerson）

声音安抚可以增加魅力值，但若将其与语言安抚相结合，则可以达到双倍的效果。目光接触与闪动、积极的肢体语言、头部倾斜及点头，在交谈中同时运用这些信号可以给人留下非常好的印象。若加上声音安抚和语言安抚,便可以使你成为一位魅力十足的交谈者。

语言安抚的第一种类型——含糊的词汇和短语,如"我知道了""真的假的""这样吗"。之所以说它们"含糊",是因为这些词汇和短语并不代表你同意对方观点,而只是在表明自己正跟着说话者的思路,此时你的态度仍是中立的。含糊表达常用于一般的交际场合,在鸡尾酒派对或其他社交聚会的闲谈中,经常能够听到这种类型的语言安抚。

如果想要表达自己支持、赞同对方的观点,可以使用第二类语言安抚——明确的词汇和短语,如"是的,毫无疑问""完全同意""你说到点子上了"。这时你便不再中立,而是与对方站到了同一阵营。因此在表达赞同前,应确保这是自己的真实想法。

第十七章
第八个信号：语言安抚

语音语调在交谈中同样扮演着十分重要的角色。你是否有过这样的经历？你说了一些话惹恼了别人，但其实这些话并不过分，你感到很无辜，于是辩解道："但我只说了这个和那个。"这时，对方一般会立即回答你："问题不在于你说了什么，而是你的语调！"

> **提升魅力的技巧**
>
> 将声音安抚与语言安抚运用到日常对话中，尤其是打电话的时候。当你不想过分卷入某个话题或不愿表态时，可以使用声音安抚及第一种语言安抚；若想明确表达自己支持、赞同对方的意见，那就使用第二种语言安抚。

第十八章
依靠朋友的帮助培养魅力

像摆放照片般对待朋友,让其展现出最好的一面。

——珍妮·丘吉尔(Jennie Churchill)

常言道,"练习成就完美。"但准确来说,是不完美的练习成就完美。任何技巧的掌握,尤其是魅力相关的技巧,都要求学习者肯犯错,愿意应对尴尬场面。**任何值得做好的事情,即便在刚开始时做得有点糟糕也无妨。**

为了综合运用所有沟通技巧来培养魅力,你需

第十八章
依靠朋友的帮助培养魅力

要邀请朋友来帮助你。他可以成为你真正进入职场或社交场合之前的陪练伙伴,在他面前犯点错并没什么关系,反而对你们双方都有好处。

邀请朋友陪练的第一步:向他解释你要练习的内容,即八个倾听技巧,并说明这些技巧的重要性。

练习过程中,就像在一起喝咖啡一样,你的朋友应该坐在你面前。让你的朋友说话,想到什么说什么,尽可能多说一点,但不要提问,因为你只需聆听,不必回话。朋友说完后,向他寻求反馈,了解自己刚刚看起来有多专注。

另外,在陪练最开始的时候,记得告诉朋友自己对待此次练习十分认真。同时,为了提升练习效果,务必保持练习过程中不受干扰、不开玩笑,原因如下。

罗恩：以严肃的态度对待陪练

多年前，我的妻子在南非夸祖鲁-纳塔尔省（KwaZulu-Natal）学习心理治疗师课程。培训周期很长，要花三年多的时间。由于我们每年都要在美国圣迭戈（San Diego）住上六个月，因此学校允许妻子以三个月为周期，分开学习课程，唯一的条件是妻子不在非洲时，我要帮助她继续训练。

我们使用的训练方法类似趣味游戏"二十

第十八章
依靠朋友的帮助培养魅力

个问题[1]"（Twenty Questions），但显然要严肃得多。训练的目的是教会妻子相信自己的感觉和知觉，透过"心智之眼"来看问题。

这种类似猜谜游戏的训练不知为何让我觉得有点好笑，我开始问道："它比面包盒大吗？"尼基笑了笑说："你真幽默，但别闹了，正经点。"

---

[1] "二十个问题"是起源于美国的一个推理小游戏，参与游戏的一方在脑海里想任意一样事物，其他参与者向其提问，只允许提出20个问题，问题的答案也只能用"对"或"错"来回答。提问者通过推理，逐步缩小待猜测事物的范围，看谁先得出正确答案。——译者注

> 我全然没有在意,接着问:"它比面包盒小吗?"尼基这回没有被我逗笑,反而冷冷地瞪着我,气氛突然降至冰点,我终于意识到我说错话了。经过此事,我吸取了一个教训:如果同意帮助对方训练,且他对待此事十分认真,那么作为陪练者,你也应认真对待。

▶ 提升魅力的技巧

在朋友的帮助下练习目光接触、目光闪动、头部侧倾、点头、身体前倾、声音安抚及语言安抚。一次练习一项技巧,分阶段进行。例如第一阶段:目光接触、目光闪动、头部侧倾及点头;第二阶段:

第十八章
依靠朋友的帮助培养魅力

声音安抚与语言安抚;第三阶段:身体前倾。

为了熟练掌握各项技巧,你可能需要安排好几次专项训练。等你感觉已经能够熟练运用各项技能时,再将它们综合起来练习。

练习三四分钟后,停下来向陪练者询问类似如下的问题:

我看起来真的在听吗?

我看起来专注吗?

你觉得我在意你所说的话吗?

你觉得我是否完全投入了对话?

如果陪练者认为你做得不够好,则继续练习,直到得到完全肯定的回答为止。这些技巧一旦练成,便将伴随你终身。最终,你将成为一名"聚精会神的听众",与你接触的每个人都会拥有不错的自我感觉,而让别人自我感觉很不错正是施展魅力的关键所在。

第十九章
谨慎建议

几乎人人都喜欢提建议,但别担心,他们也喜欢忽视建议。

——博恩·崔西

在第十八章中我们提到,进行倾听训练时,练习者只需倾听,不必回话,现在我们将对此进行深入探讨。

魅力的力量
THE POWER OF CHARM: HOW TO WIN ANYONE OVER IN ANY SITUATION

罗恩:成为耐心的聆听者

多年前的某个晚上,我和妻子在家吃晚饭。看得出来,妻子心情很不好,一定是工作上遇到了什么不顺心的事。我问她怎么回事,她便开始向我倾诉问题的来龙去脉,原来是她与下属产生了矛盾。尼基一开始很平静,但很快火气就上来了,只见她越讲越生气,变得十分激动。

不幸的是,其实我并没有在仔细听她讲话,我正在替她思考如何解决与下属的矛盾,于是便脱口而出:"唔,要是你当初能给她个改正的机会,也许……"

"你在说什么?你的意思是这全都是我的

第十九章
谨慎建议

错?"尼基立刻打断我。

"呃,不,当然不是,我只是……"我瞬间词穷了。

"谁问你了?"尼基喊道,"谁问你了?我只是想让你听听这事儿,偶尔点个头就行。"

"但我只是想帮帮你。"

"你要是想帮我,就闭上嘴巴,好好听我说话。我这么生气,可不想听什么建议。没有人生气的时候还能听得进去别人的建议!"

事实证明尼基是对的——没有人听得进去!

这个故事告诉我们,无论觉得自己多么善于展现魅力,耐心倾听是所有技巧的黏合剂。在合适的时刻保持静默,恰恰是兴趣、耐心、关怀的体现。

▷ 提升魅力的技巧

下次有人遇到问题或举棋不定时,你可以反问他:"你觉得应该怎么办?"然后耐心倾听,不要打断对方的回答。

一般情况下,当女人问男人该穿哪件衣服时,其实她内心已有答案,只是想寻求肯定。如果直接回答,你有 50% 的概率回答错误。

相反,你可以反问她:"你觉得哪件看起来最好?"不论她接下来回答什么,你都可以说:"是的,我也想选那件来着,那件衣服看起来最好!"

第二十章
耐心倾听的力量

人们总是愿意听从符合自己意愿的建议。

——布莱辛顿伯爵夫人(Lady Blessington)

当你打算停止聆听、开口说话时,最好先判断一下说话者目前的情绪状态。如果对方十分激动、生气或难过,那么无论你的脑子冒出来多少个想法,都先忍住不要说,现在仍然是你的倾听时间。

做个耐心的听众,给予说话者发泄情绪的机会。等说话者平静下来后,如果他们想听听你的想法和意见，自然会问你问题。有时人们的情绪和逻辑就像油和水一样，无法相容。

❯ 提升魅力的技巧

说话者情绪非常激动时，我们不光要专注，还要有耐心。让他们一直说下去，直至情绪完全发泄完毕，然后再开始谈自己的想法。

记住，不要轻易提出建议，一般而言，富于同情心的倾听更容易受到对方感激。

第二十一章
善于微笑

没有什么人能够抵挡笑容的力量。

——马克·吐温(Mark Twain)

毫无疑问,笑容可以清楚地展现你有多么享受与他人在一起。一旦时机合适,请不要吝啬你的笑容。

真诚的微笑会同时牵动嘴部和眼部周围的肌肉。因此当你微笑时,确保动用整个面部,甚至笑出眼角细纹。

魅力的力量
THE POWER OF CHARM: HOW TO WIN ANYONE OVER IN ANY SITUATION

当然，我并不是说要你像柴郡猫[1]（Cheshire cat）那样，不管别人说什么都咧着嘴笑。不合时宜的笑容会让对方怀疑你在假笑，或是想要竭力讨好他。

此外，真诚的微笑不会马上消失，它们往往会在面部停留片刻。转瞬即逝的微笑不是真正的微笑。

其实，我们可以非常轻松自然地展露笑容，以下的个人经历说明了其中的原因。

---

[1] 柴郡猫是英国作家刘易斯·卡罗尔（Lewis Carrol）创作的童话《爱丽丝漫游奇境记》中的虚构角色，形象是一只咧着嘴笑的猫，拥有凭空出现或消失的能力，甚至在它消失以后，它的笑容还挂在半空中。——译者注

第二十一章 善于微笑

罗恩：笑容的感染力

戏剧大师尼尔·西蒙（Neil Simon）所著的《吹响号角》（*Come Blow Your Horn*）充满了滑稽的台词、搞笑的人物角色以及戏剧性的场景，在当时的百老汇引起巨大轰动。这部作品是我早年担任戏剧导演时执导的第一部喜剧。

我和演出团队第一次围读剧本的时候，所有人都笑得前仰后合，难以自持，深深折服于西蒙的幽默与创作才华。然而，随着排练日复一日地推进，我们的笑声越来越少了。

演出的前几天，我们把戏完整地过了一遍。排演过程十分顺畅，也没有人说错台词，但不知

魅力的力量

THE POWER OF CHARM: HOW TO WIN ANYONE OVER IN ANY SITUATION

为何,我总感觉平淡单调了些。所有剧组人员,包括我在内,没有一个人发出笑声,甚至连挤出来的微笑都没有,好像我们在表演易卜生❶而非西蒙的戏剧。我坐在那儿反复琢磨,为什么第一次围读剧本时我们会笑得那么开心呢?

正式演出的那个晚上,台下坐满了官员、批评家和穿着入时的戏迷。我坐在老位置——最后一排挨着过道的地方(这样要是观众反馈不好,我就可以马上"逃离现场"),内心十分紧张。灯光变暗,帷幕拉开,表演正式开始。没过几分钟,

---

❶ 挪威作家亨利克·易卜生是欧洲近代现实主义戏剧的杰出代表,被誉为"现代戏剧之父"。——译者注

第二十一章
善于微笑

观众就开始笑起来,而且笑声此起彼伏。最有趣的是,我也笑了!怎么会这样?明明在三周的排练中我已经对剧情熟稔于心,而且演出之前我也丝毫不觉得这部戏有趣了,但为什么现在我又笑了呢?

答案是感染力。笑容是具有感染力的,现场观众的笑声将我感染,唤起了我之前觉得好笑的记忆。

事实证明,这次表演很成功。之后我们又演出了很多次,每当观众哄堂大笑时,我也会不由自主地跟着笑起来。

这次经历让我明白,在你施展魅力之时,你

就是故事中的观众。你若微笑,对方因为受到感染,往往也会回你一个笑容。

一个警示:注意那些微笑时只扬起一边嘴角的人,他们很可能是在敷衍你或是虚情假意。

▶ 提升魅力的技巧

下次与人交流时,等待合适的时机展露笑容。如果谈话内容及说话者是严肃的,那么你也要显得严肃;如果话题轻松有趣,那么你就可以多多展露笑容。

当然,微笑并不意味着你非得认可对方所说的话,你只需要配合他的情绪就行。如果对方非常热

第二十一章 善于微笑

情,而你想要展现自己的魅力,那么就让自己跟随他一起热情地笑吧。

第二十二章
善于赞扬

赞扬如黄金、如钻石,只因稀有而珍贵。

——塞缪尔·约翰逊(Samuel Johnson)

我们都享受被认可,尤其是在我们完成了一件自认为有意义的事情之后。交流过程中,如果你感受到了对方话语中流露出的自豪,那么赞扬是增强其愉悦感的最简单方法。

我们可以赞扬对方聪明、慷慨、考虑周到、遇事果断等,总之,合适的词汇都可以用上。相信我,

第二十二章 善于赞扬

对方一定会把你的赞扬当作你有魅力的另一条依据。

认可与赞扬对于我们每个人来说都至关重要,它是我们工作学习的动力之一。若是缺乏认可与赞扬,许多人将无法充分发挥自己的潜能。研究表明,多数员工对于赞扬的反应要比升职加薪更积极。

还记得当你对孩子、伴侣和朋友表达认可、赞扬或仰慕之时,他们脸上绽放的笑容吗?还记得你受到他人表扬时的感觉吗?

> **罗恩:第一篇关于我执导戏剧的评论**
>
> 我仍然清晰地记得报纸上刊登出的第一篇关于我执导作品的评论。这部作品是马克西姆·高尔基(Maxim Gorky)所著的《在底层》

(*The Lower Depths*)，它是一部伟大的经典之作，但也是对于新手导演的一个巨大挑战。一方面，我因得到了该作品的执导机会而深感荣幸，另一方面，随之而来的重大责任也让我惶恐不安。

首演结束后的一大早，我立马冲出去拿报纸，迫切地想知道专业戏剧评论家对这场演出的评价。但当我拿到报纸坐回车里后，我又迟迟不敢打开它。过了近一个小时之久，我终于鼓起勇气。

我用颤抖的手将报纸打开，翻到戏剧版，头条标题赫然在目："阿登用出色的导演再现高尔

第二十二章 善于赞扬

基经典之作"。我顿时一阵欣喜,兴奋得胃直抽筋。接着我仔细阅读了全文,评论家既指出了我的缺点,也肯定了我的优点,而且在他看来,优点要远远多于缺点。

这篇评论对于当时初任导演的我来说尤为珍贵,它让我深受鼓舞,更有动力和干劲。这就是赞美的力量,而且,人们从来不会嫌自己得到的赞美过多。

▶提升魅力的技巧

一个人认为自己有多么值得赞扬,这是自尊的定义之一。你越是真诚地赞美某个人的言行,他们越是喜欢并尊重自己,对你的好感也会增加。以下几个要点可以帮助你最有效地给予赞扬。

第一,赞美要具体。赞美越具体,产生的影响就越大,对方就越有动力做得更好。因此,与其说"你真是一位出色的秘书",不如说"你这次的提案非常棒,而且完成效率很高"。

第二,赞美要迅速。在对方完成某件值得称赞的事情后,给予赞美越迅速,他们的自我感觉就越好,之后就越有可能重复该行为。

第三,事无巨细都要赞美。正如肯·布兰查德(Ken Blanchard)在其著作《一分钟经理人》(*The One Minute Manager*)中所写的那样:"找出员工做得对的地方。"

论及赞美他人的成就,大多数人在这方面做得

第二十二章
善于赞扬

还远远不够,你一定要成为少数人,学会如何赞美。赞美会让他人自我感觉很不错,而这正是施展魅力的关键所在。

第二十三章
"表现得好像"原则

若想产生某种感觉,最好的方法就是在恰当的场合假装自己已经有了这种感觉,这样一来,很快你就会真的产生这种感觉。

——亚里士多德(Aristotle)

1905年,美国心理学之父威廉·詹姆斯(William James)进行了一次著名的实验。根据实验结论,产生某种情绪的最好方法就是假装自己正处于该情绪之中。

第二十三章 "表现得好像"原则

例如,如果你表现得好像很激动,那么很快你就会真的感到激动;如果你表现得好像很快乐,那么很快你就会真的感到快乐。总之,外在行为可以催生相应的内在感受。

控制行为

心理学家发现,情绪不受意志控制,人们很难任意切换情绪。

人们能够控制的,是自己的行为。通过控制行为,我们可以表现得像是已经拥有了某种想要的感觉,类似第八章介绍的"由外而内"散发魅力的方法。因此可以说,行为对情绪的产生具有很大的助推作用。

🫀 行为引发感觉

"表现得好像"（Act as if）原则说的是如果你表现得好像已经体会到了某种感觉，那么你的行为很快便会引发相应的感觉。

当你与人相处时，表现得好像对方无比迷人，像对待电影明星或诺贝尔奖得主那般对待他，给予其全部注意力。身体前倾，认真倾听他说的每句话，点头，微笑，认可，给予持续的语言和声音安抚，由此产生的效果将十分惊人。

一般而言，运用这些倾听技巧后，你总会发现对方言语中的闪光点，从而真正被他吸引。

第二十三章
"表现得好像"原则

博恩：从一次长途汽车旅程中得到的启示

多年前，由于航空公司员工罢工导致机场瘫痪，我不得不乘坐八小时的长途汽车回家。坐在我旁边的大叔穿着牛仔裤，留着长头发，看上去很邋遢。整整八小时，我都要跟他坐一块儿，该怎么办？

我决定试试刚听说的"表现得好像"原则。我转向他，先做了自我介绍，然后问他来自哪里，做什么工作。原来他是个农民，但痴迷于小型飞机。他弄来了一套零部件，自己组装出了一架单座小飞机，经常在乡间农场上空盘旋，或参加飞行秀比赛。接着，他跟我讲述了飞机坠毁和濒临死亡的经历,还有发生事故后摔断腿又恢复健康的事情。

我听得越专心、提的问题越多、越认可他的回答,就越觉得他分享的经历引人入胜。原本漫长枯燥的旅程变得有趣而愉悦,八个小时转瞬即逝。

罗恩:使用心理的力量

最近和一位朋友一起喝咖啡时,他跟我说:"你对这类事情比较在行,也许你可以给我解释一下。"

"上周的一天早晨,我起床时感觉很不舒服,

第二十三章 "表现得好像"原则

于是决定跟公司请一天假。我待在家里,穿着睡袍,不刮胡子也不洗澡,看了会电视,到上午10点左右,我感觉更难受了。"

我问:"然后呢,你去看医生了吗?"

他耸了耸肩膀,回答说:"没有,我不怎么去看医生,但问题就在这里。第二天早上起来,我还是感觉不太舒服,但我手头攒了太多工作要做,有一个已经推迟了一天的约会,还有其他比较紧急的事情,因此不能再在家里待着了。我换好衣服,出了门,到早上十点的时候,我居然感觉好多了!这是为什么呢?"

我说:"这是态度在起作用。你的这个故事

充分说明了态度对生理反应的影响。从前,所有人都认为感觉是纯心理的,但现在我们知道,它也与生物化学有关。洗澡,刮胡子,穿戴整齐,通勤上班,这一系列身体健康时该有的行为改变了体内的生物化学反应,因此让你感觉好多了。"

他仔细想了会,总结道:"所以这是心理的力量与体内生化反应的结合,才导致了如此奇妙的结果。"

行为影响感觉

正确的行为("外")引发正确的态度("内")

第二十三章
"表现得好像"原则

及相应的生物化学反应。因此,练习使用书本介绍的倾听技巧,能让你不仅看上去专注,而且变得真的专注。

当你练习到一定阶段,成功将倾听技巧融入生活后,便能成为一位真正投入、关怀他人的聆听者,而不再局限于看上去的那样,这将让你受益终身,并惠及你生命中的其他人。

▶ 提升魅力的技巧

"做不到就先假装,直到假的变成真的。"下次与人交流时,表现得好像对方十分迷人。认真聆听他说的每一句话,身体前倾,展现出极大的兴趣。假想一旦对方喜欢上你,就将赠予你一百万美元,然后遵照这个想法做出相应的行为。

很快,你就会发现自己深深地被对方吸引了,而出于某些奇妙的生化反应,对方也会开始与你分享更多独特的经历与见解。许多持续一生的友谊就是这样开始的。

第二十四章
说什么与怎么说

言谈反映人格。

——米南德(Menander)

善于倾听是成为魅力人士的第一步。然而在日常交际中,我们不只要倾听,也要说话。说什么、怎么说是吸引并说服他人的关键因素。

魅力的力量
THE POWER OF CHARM: HOW TO WIN ANYONE OVER IN ANY SITUATION

罗恩：如何在说话时散发魅力

我与著名戏剧导演塞西尔·威廉姆斯（Cecil Williams）是认识多年的好朋友，我曾参演过他执导的好几部作品。可以说，塞西尔是我见过的最有魅力的人，他具备本书中提到的所有魅力元素。

而令我印象最为深刻的还是他说话的方式。塞西尔说的每句话都饱含对他人的兴趣、支持与关怀。虽然他的想法很多，而且大多数都很强烈，但他总能以尊敬平和的方式表达出来。换句话说，他说话只是为了交换意见，而非与人争论。

第二十四章
说什么与怎么说

一个必备的说话技巧

轮到你说话时,还需掌握另外一系列技巧,从本章起我们将为你逐一介绍。第一个技巧仍是目光接触,只不过这次是从说话者的角度进行探讨。

米哈伊尔·戈尔巴乔夫(Mikhail Gorbachev)之所以能成为苏联总统,与其沟通能力密不可分,他能够强有力地阐述自己对于经济与政治改革的见解。戈尔巴乔夫到访美国时,《时代周刊》(Time)抢在其他媒体之前对其进行了采访。论及戈尔巴乔夫强大的沟通技巧,《时代周刊》的记者指出:"一见到戈尔巴乔夫,我就注意到了他的眼睛。他的双眼专注而有神,目光直接而坚定。"

事实上,善于使用目光接触的人并不多,而培养这项技巧对于提升魅力来说至关重要。

说话时看向听众的方式

说话时进行目光接触的方法与聆听时并不相同,如果一直盯着听者看,不仅无法施展魅力,反而会让整个谈话氛围变得紧张起来。在一对一交流中,注视对方眼睛的时长不要超过谈话总时长的85%,否则过多的目光接触会给听者造成巨大压力。

试想一下,跟你交谈的人一直盯着你看是什么感受?你很可能感觉受到了威胁甚至恐吓。注意电影中那些反派角色说话时强硬、不妥协的眼神。

面向群体发言时,应将目光轻轻地从一个人身上移到另一个人身上,通过眼神的接触与听众建立

第二十四章
说什么与怎么说

联系,邀请他们加入对话。最终,在场的每位听众都应感受到你的温暖与关注。

> **提升魅力的技巧**
>
> 说话时练习目光接触的技巧。确保注视听众眼睛的时长不要超过交流总时长的 75% 到 85%,否则就有咄咄逼人之嫌。此外,看向听众的眼神要专注,而不是流于表面。你的目光应确切地告诉听众:"我看见你了!"

第二十五章
看向一侧

言为心声,话如其人。

——普布里乌斯·西鲁斯(Publius Syrus)

对于说话者来说,**看向一侧**(look-aside)是非常有效的沟通技巧。该技巧并不是要你去看其他事物或其他人,而是让你暂时将目光从听者的眼睛上移至头部一侧。

看向一侧这个动作应该是随意的而非刻意的,间歇性的而非经常性的。注意,目光移动时不要超

第二十五章
看向一侧

过听者头顶,以免对方觉得你心不在焉;也不要频繁看向听者眼部以下的位置,以免对方觉得自己脸上有饭粒或衣服上有污渍。看向一侧的目的是减轻听者的压力,这一技巧在一对一谈话中显得尤为重要。

提升魅力的技巧

下次与人交谈时,练习将目光移动到对方的左耳或右耳,然后再移回其眼睛或嘴巴上。看向一侧的时间要短,一般不超过2秒或3秒,不然就会让对方误以为你分神了。记住,在让对方感到舒适的前提下维持良好的目光接触,才是看向一侧这个技巧的目的。

第二十六章
放慢语速

开口前须三思,确保吐字清晰,发音准确,有条理地表达自己的想法,切忌操之过急。

——乔治·华盛顿(George Washington)

许多人常常因为激动或紧张,说得太快,听得太少,因此令人沮丧,惹人恼怒。

你是否有过以下经历?

车开到一半,突然听见交通电台播报员称前方出了车祸,需绕道而行。等等,车祸发生在哪个驶

第二十六章
放慢语速

出匝道？我该怎么绕行？最后，由于没来得及听取完整的信息，你还是被堵在了路上。你肯定会抱怨，这些播报员可是专业人士，难道不知道听众在短时间内不可能接受那么多信息吗？要是能说得慢点，我就有时间理解前方路况，选择合适的路线绕行，也不至于被堵在这儿了。

或是在收听自动答录机的留言后想要回拨电话时，由于号码念得太快且不连贯，往往要重放几遍，才能记下完整正确的号码。

给予听众思考的时间

我们都知道听语速过快者讲话很费劲。说话太快往往只会给别人留下负面印象，而不会产生积极效果。举个例子，提起说话语速很快的人，你会想到谁？二手汽车推销员？电话诈骗者？还是其他急于引诱你做出选择的人？他们说得这么快，正是为了让你没时间思考，尽快落入他们的话术圈套。

语速过快会让说话者看起来欠缺考虑且以自我为中心，难以给听众留下真挚诚恳的印象。在别人眼中，他们似乎只对自己所说的话感兴趣。记住，说话速度一旦过快，就会让你的魅力荡然无存。

放慢语速

那么如何解决语速过快的问题呢？有两个技巧，第一个技巧就是马上要讲到的**放慢语速**，第二个技巧是**使用停顿**，我们将在下一章作详细阐述。

第二十六章
放慢语速

第十四章中,我们提到了舒适区这个概念,即与人交谈时,离太近会侵犯他们的舒适区,甚至对他们造成威胁;离太远又显得很疏离,破坏了原有的亲密关系。我们的内心也存在类似的舒适区。若你常常被告知说话速度太快,那么便可借助舒适区这一内部监视器来控制自己的语速。

当你接触陌生事物时,必然会感到不舒适,内心有一种难以抗拒的冲动,想要按自己习惯的方式做事,即使明知道老办法不那么管用。

这是因为人类是习惯性的生物,按照习以为常的方式做事会让我们觉得舒服得多。因此,我们非常容易陷入一成不变的生活,无论如何都不愿意走出来。例如,每天早上穿鞋时,先穿左脚的鞋,再穿右脚的鞋,然后系右边的鞋带,最后系左边的鞋带。如果试着改变顺序，总感觉哪里不太对劲。

一个简单的实验

在我们的研讨班上，我们常常让学员交叠手臂，看看哪只胳膊在上面，然后让他们变换胳膊的上下位置，重新交叠手臂。你也可以试试，换只胳膊在上面后是不是感觉很奇怪？这就是尝试改变旧习惯时的感受。

然而，我们所有的成长和自我发展都是强迫自己走出舒适区的结果。如果一直停留在舒适区，我们永远也不会改变，这其中当然也包括使你成长的转变。

积习难改，旧习难除。如果发现自己很难改正

第二十六章
放慢语速

语速过快的习惯，那么至少要确保在讲述重要内容时放慢语速，这样说话速度从整体上听起来就会变慢许多。

坚持练习放慢语速十分重要。一段时间后，你会发现自己的内心建立起了新的舒适区，说太快反而会让你感到不舒服，因为你已经越来越适应较慢的语速。更重要的是，听你讲话的人也会感觉舒服多了。

▶ 提升魅力的技巧

以下两个练习可以帮助你走出舒适区，迈向新台阶。

首先，录音。拿一个录音机，录下自己大声朗读的声音。有意识地放慢自己朗读的速度，虽然这可能让你感到不舒服，不自觉地就想加快语速，但不用在意。读完后，回放录音，你会发现虽然刚才说话的时候觉得自己语速很慢，但在录音中听起来刚刚好。你也可以让家人或朋友听听录音，寻求他们的反馈和建议。

随后，将上述技巧运用到与朋友的对话中。虽然你仍会感觉自己说话速度很慢，但对于朋友来说却是正合适。

记住，刚开始学习放慢语速时，你必然会感到不舒服。如果在一开始练习时你并没有感到不适，那么你很有可能仍然在按照原来的语速说话。

第二十七章
有时无声胜有声

不懂你为何静默的人,大概也不懂你的语言。

——阿尔伯特·哈伯德(Elbert Hubbard)

乔治·布什(George W. Bush)初任总统时,演讲能力特别差。即使是准备好的演讲,也能说得磕磕绊绊,令听众感到痛苦。为此,布什的助手专门请了业内顶尖的演讲撰稿人,帮助他提高演讲材料的质量。除此之外,布什自己也做出了诸多努力。其中最重要的一点是,他学会了利用停顿来提升演讲的清晰性和影响力，即使有时停顿得过于频繁。这一改变的意义重大，显著提高了布什的支持率。

停顿具有诸多好处，不仅能为说话者提供思考时间，也能让听众更好地消化所说的内容。你只需在演讲中不时地停顿一两秒，便能成为更优秀的演讲者。

停顿给予了听众思考的机会。正因为停顿，听众才有时间揣摩说话者的真正意图，从而与之共情。

此外，停顿还给予了听众与说话者进行内心对话的机会。想想，当你听别人讲话时，内心是否经常冒出"我并不这么认为""这是个好主意""啊，我读过相关文献"等类似的话？事实证明，听众被激发的内心对话越多，他们与说话者的联系就越紧密。

关于说话的艺术，还有一个重要的秘密要与你

第二十七章
有时无声胜有声

分享：停顿总不会错。即使停顿的时机不理想，听众也会因太过投入于谈话内容而不易察觉。交流中，几乎没有人会心想：**"等会儿，他这次的停顿有点问题。"**

▶ 提升魅力的技巧

讲完一个观点停顿一次，这一技巧有利于听众跟随你说话的逻辑。此外，在关键或复杂信息之处，注意要特别停顿一下。这既能帮助听众消化所讲的内容，同时也给自己留下了思考和喘息的时间。

第二十八章
消除填充词

穷人说话急,动作快,只为吸引他人注意;而富人说话慢,行动慢,他们早已受到众人瞩目,无须刻意引人注意。

——迈克尔·凯恩(Michael Caine)

说话者缺乏经验、未做准备或紧张不安时,常常发出"啊""呃""嗯""唔"的声音,它们就是所谓的填充词。填充词能够给人们思考的时间。人们在脑海中搜寻合适的表达时,往往会利用填充词来抓住听众的注意力。这些填充词仿佛在说:"等会儿,

第二十八章
消除填充词

我还没说完呢,接着听啊。"

然而,对话过程中频繁出现"呃""啊"等填充词,是一件非常恼人的事情。听的人很可能会在内心抱怨:"天呐,别'呃'了,继续说啊。"除非你对这些毫无意义的词有什么特别的嗜好,否则还是别说了。没人喜欢听到填充词,它们会大大削减你的魅力。

▶提升魅力的技巧

消除填充词的最佳方法就是放慢语速,刻意使用更多停顿。不要太执着于避免使用填充词这件事,因为你也不知道它们何时才会出现,试图预判无意识的行为很可能把你逼疯。

每次感觉"呃""啊"快到嘴边时,用停顿来代替。因为一旦停顿了,也就没法说填充词了。将停顿融入日常对话中,尤其是意识到自己语速过快时。如此一来,填充词自然也就消失了。

第二十九章
打造有魅力的声音

谁都会说真话,但很少有人能说得有条理、有智慧、有逻辑。

——蒙田(Montaigne)

声音对听众的情绪和感受有着显著影响。正如第十五章中提到的,语音语调传递的信息占到了总信息量的38%,剩下的分别为肢体语言(55%)和话语本身(7%)。

有的人声音尖锐刺耳,令人巴不得离开这里;

有的人声音温暖柔和，令人感觉像裹着羊绒毯一样。你更愿意听谁说话？毫无悬念，必然是后者。

那么单调冗长的声音呢？它一定无法抓住听众的注意力，并将大大降低听众的信息接收度。说书人的声音抑扬顿挫，引人入胜，你要学习他们的说话方式，把事情描述得生动传神，即使只是在谈论天气或股市。你应立志成为说书人，而非会说话的机器。

压低音调，放慢语速

如果想让自己听起来亲切、友好、温暖、充满关怀，那就记得压低音调。与人理论或想展示自己考虑周全时，说话音调也不必太高。

第二十九章
打造有魅力的声音

同时,提醒自己放慢语速,说得太快很难让自己听起来亲切、友好、温暖或充满关怀。大多数人在表达内心深处的情感时,会自然而然地放慢语速。

试着先用很快的速度说这句话:**"我非常关心你,你对我来说很重要。"** 然后放慢语速再说一遍,你会发现,第二遍听起来要真诚得多。

灵活调整语速语调

然而,若想显得兴奋激动或精力充沛,则需加快说话节奏,适度提高音调。总之,声音不能平淡枯燥,要逼迫自己走出舒适区,根据谈话内容和想要创造的气氛,灵活变换语速语调。

深沉的声音代表庞大与力量,尖锐的声音代表娇小和柔弱。例如，低沉的吼叫不会让你联想到吉娃娃，尖锐的犬吠也无法让你联想到大丹狗。这就是为什么权威人士在说话时总会故意放慢语速，降低音调。

新的声音，新的职业

曾有一位著名的足球运动员，身高6.7英尺（约2.04米），体重280磅（约127千克），非常高大威猛。然而，他却有着吉娃娃一般的声音——与他的体型一点儿也不搭。后来，经过训练，他改变了发声方式，降低了说话音调，终于学会了用低沉的声音说话。新声音改变了他的人生，最终他离开球场，成为一名成功的体育赛事解说员。

第二十九章
打造有魅力的声音

▶ 提升魅力的技巧

首先,从书本或杂志上选择一章有趣易读的内容,用从容不迫的速度朗读,并录制下来。读的时候,轻轻压低音调,保持声音平稳。但是不要压得过低,尽量自然地发声,否则听起来会显得很刻意。除此之外,记得根据章节内容灵活调整语速语调。重复朗读练习,直到自己对录音满意为止。

接着,在家和车上反复播放这个令你满意的录音。随着新声音刻入你的潜意识,你会发现自己在日常生活中也逐渐开始使用这一声音说话。

当你越来越习惯于这样的说话方式,听众也会因你的声音而觉得你是个温暖沉稳的人,并被你吸引。

第三十章
成为有魅力的交谈者

据说阿瑟·柯南·道尔(Arthur Conan Doyle)在某次晚宴后对奥斯卡·王尔德(Oscar Wilde)的交谈天赋赞不绝口。

"但我看是您一直在说话呀!"他的同伴指出。

"这就对了!"柯南·道尔说。

——史蒂芬·弗莱(Stephen Fry)

一个人的魅力值完全取决于其看、听、说的方式,但富有魅力的人往往拥有另外一种品质——他们是出色的交谈者。

第三十章 成为有魅力的交谈者

专注耐心倾听是培养魅力的必要条件，声音悦耳、语速适中有助于提升魅力，而另一个关键在于能否敏锐地察觉到对方想聊什么、不想聊什么。

也许与你交谈的人只是想宣泄自己的情绪，或是倾诉家长里短，那就随他们去吧。确实，有些人会无休止地谈论这些于你而言毫无意义的琐事，让你感到无聊透顶，但你又不想显得没有礼貌，那该怎么做呢？

一般而言你有两种选择，一种是进行180度的话题大转变，另一种是面带微笑，尽力忍耐。不过，当你忍无可忍时，其实还有另一种选择——提一个恰当的问题。

具体而言，180度的话题大转变是指你将谈话内容突然转变到另一个毫不相干的话题。例如，对

魅力的力量
THE POWER OF CHARM: HOW TO WIN ANYONE OVER IN ANY SITUATION

方正在兴致勃勃地向你介绍他的宠物狗，而你却突然开始谈论自己对星际旅行很感兴趣。如此突兀的话题转变会让对方感到尴尬甚至莫名其妙，大大降低你的魅力值。其实你可以选择一个更好的办法，那就是来一个 20 度或 30 度的小转弯，谈谈自己对宠物狗的看法，然后将话题引向自己感兴趣的内容，如狗狗秀——"你觉得今年的美国西敏寺犬展（Westminster Kennel Club）上哪只狗狗的表现最出色？"另外还可以聊聊表演犬、导盲犬、搜救犬、宠物与兽医等相关话题。

▶ 提升魅力的技巧

下次与朋友或同事交谈时，寻找机会，间接转变话题。转变角度为 20 度到 30 度，不要过大，以

第三十章
成为有魅力的交谈者

免对方察觉,并试着提一个恰当的问题。

虽然你无法完全转变话题,但由于谈话内容依然符合对方兴趣,对方仍会被你吸引。这一技巧既能让你关注到他人的需求,又能激发你的创造力。正如之前所提到的,让别人感觉自己很特别,是成为魅力人士的关键要素之一。

第三十一章
引导对话方向

交谈真正的精神在于展现他人智慧,而非炫耀你自己。

——拉布吕耶尔(La Bruyère)

引导对话方向的目的不是去主导对话(完全背离本意),而是确保在你的支持下,对话能够一直遵照对方的意愿进行,从而持续留住对方兴趣,维持其投入程度。

想象自己正置身于社交场合,一个人站着,左手抓着一把零食,右手端着一杯葡萄酒,沉浸在自

第三十一章
引导对话方向

己的世界中。这时,突然有人出现在你面前,开始就他自己的事情喋喋不休:"我正在做这个;我已经做完了那个。"

最多十秒,你肯定就会开始想:"天,我该怎么离开这儿?"但是,同样的场景,如果有人走过来,跟你聊的是你的事,你又会怎么想?毫无疑问,你肯定更愿意与后者展开对话。

人们都喜欢谈论自己感兴趣的话题,尤其是当听众也表现出浓厚的兴趣时。人们一旦遇到对自己重要的话题时,往往会愿意向富有同理心的听众敞开心扉,透露许多关于自己的信息,例如他们的喜好、信仰及观念。这时作为聆听者,你一定要仔细倾听,发掘可以引导谈话方向的各条路径。最后你选择的路径,应该既能令你兴趣不减,又能鼓励对方就自己喜欢的话题畅所欲言。

这么做还有一个额外的好处：即使你与交谈对象几乎没有任何相似之处，你也能从他们身上学到很多知识。开放的心态也是愿意接纳的心态，这是富有魅力之人讨人喜爱的原因之一。

▶ 提升魅力的技巧

提出以"什么人"（who）、"什么事"（what）、"为什么"（why）、"什么时候"（when）、"什么地方"（where）、"怎么做"（how）为开头的问题，是引导对话方向的好方法。人们面对以这六个单词为开头的问题时，往往无法简单地回答"是"或"不是"，而是要援引事实、数据、感受和细节来支撑。同时，这些问题的提出者往往握有对话的掌控权。

第三十一章 引导对话方向

每当对方说完一件事,若想打探其反应和观点,最有效的办法就是提出**"你怎么看?""你觉得呢?"**等类似问题。这些问题几乎总能引出更开放的答案。对方也将仅仅因你的提问,而认为你既富有魅力,又富有智慧。

第三十二章
提前做好功课

知识既是力量,也是乐趣。

——弗朗西斯·培根(Francis Bacon)

不论是出于社交目的还是商业目的,如果即将要见面的那个人对你来说很重要,那么记得要提前做好功课,尽可能多做了解,这是吸引他人、展现自我魅力的有效方式。美国人际关系学大师戴尔·卡耐基曾说过:"若你对他人表现出真诚的兴趣,那么短短一天内,你就能交到很多朋友;但若只想着让

第三十二章
提前做好功课

别人对自己感兴趣,那么就算过了一年,所结交的朋友也不过寥寥无几。"

一笔不错的投资

越重视一段关系,见面之前就要花越多的时间去了解对方。尽可能多地找出他的好恶、业余爱好、教育背景、商业兴趣、社交活动等信息。有了这些信息,你就可以游刃有余地将谈话引导至对方喜欢的方向。这一技巧的要领在于:了解对方要胜过对方了解你。

魅力的力量
THE POWER OF CHARM: HOW TO WIN ANYONE OVER IN ANY SITUATION

博恩：提前做好准备的重要性

几年前，我曾着手组建一家国际销售组织。很快我便发现，比起从头租赁办公室、招聘并培训销售人员，接手一支现有的销售团队要容易得多。我了解到有一位成功的销售经理，他带领的团队成员个个都是销售精英，而他对目前就职的公司并不满意。于是，我决定把他和他的团队一块儿挖过来。

经过多方打听，我得知这位经理非常相信数字命理学，几乎所有的决定都是基于潜在合作伙伴的生日及洽谈生意的日期做出的。因此，我特意找来几本数字命理学的书，对特定数字代表的

第三十二章
提前做好功课

含义做了简单的了解,然后安排在本月的"黄道吉日"与他会面。

不出所料,一阵寒暄过后,他的第一个问题就是我的生日。我早有准备,故意告诉他一个日期,这个日期的年月日加起来是个被数字命理学认为是利于行商的幸运数字。会面结束时,他答应加入我的组织,并在之后成为组织中业绩十分突出的一员。这件事中,成功的关键就在于我有所准备。

首先寻求了解

现实生活中,我们并不是总能打探到对方的信息，尤其是互不认识时。在这种情况下，你必须将全部注意力集中到对方身上。

第一次会面时，谈论自己越少越好。正如俗话所说："人在说话的时候学不到任何东西。"

想一想是不是这样？人不可能边说边听。只有当你倾听他人说话时，你才能了解他们。不过，要是他们看起来不愿意打开话匣子，你就得想个话题，让他们尽快开口。

一开始你可以聊聊当下的时事热点（在了解对方之前避免谈论政治、宗教等敏感话题）或最近热门的电影、电视剧等，也可以谈谈图书、运动或时尚。举个例子，要是你提到电影，可以接着问问他们最近看过什么电影，更喜欢看那种类型的电影，诸如此类。

第三十二章 提前做好功课

找到对方兴趣所在

如何借助对方所谈论的事引导对话？下面举个例子。假设对方正在抱怨："现在的人不知道是怎么开车的，真让人不爽。他们从不为别人考虑，没有一点儿耐心，只想着尽快到达目的地，恨不得前面的车子都消失。"

现在我们来分析一下这段话给出的信息要素，你要找的应该是此刻十分困扰对方的事情。广义上的开车？大概吧。不替别人着想的行为？也许是这个。缺乏耐心？也有可能。这是你可以将谈话引向的三个方向。你可以首先表明自己的态度："我同意。"然后简要谈谈发生在自己身上的交通事故。实践证明，当对方似乎无话可说时，这招尤其管用。

记住，交谈中你从别人身上了解到得越多，对他们的潜在影响就越大；基于别人的背景经历和个人兴趣提出的问题越多、越高明，他们就越觉得你富有魅力。

▶ 提升魅力的技巧

牢记，提问者拥有控制权。那么如何在掌控对话的同时，又显得迷人而有魅力呢？试着按顺序提出以下三个万能问题。

第一个问题："你从事什么职业？"工作是人们生活的重要组成部分，也是身份认同的重要来源。大多数人都喜欢谈论与工作相关的话题，并愿意向他人介绍自己的工作。

得到回答后，继续提第二个问题（充满兴趣和

第三十二章
提前做好功课

好奇地）："你是怎么加入这一行的？"

对方回答这个问题时，肯定会涉及其个人经历、教育背景、日常生活等各类细节，有时甚至说个没完，因为人们总觉得自己的职业经历是世界上最精彩的故事之一。

与此同时，交谈者也会时不时停下来，确认你是否真的感兴趣，还是只是出于礼貌在倾听。

每当对方放慢语速或停下来时，你就可以提出第三个问题："然后呢，你做了什么？"

通常情况下，他会立即接着刚才没讲完的继续说下去，或是追加自己的想法与评论。

你也可以问类似的问题："可否详细说说？""他们做了什么？""之后发生了什么？"

要是你愿意，还可以谈谈自己的看法，但记住，千万别忘乎所以,长篇大论。当你感觉自己说得差不多的时候,提出另一个相关问题,让对方接着回答。

第三十三章
打对方接得住的球

对话的主要目的无非是"告知"或"获悉"某事,"取悦"或"说服"某人。

——本杰明·富兰克林(Benjamin Franklin)

魅力人士能够轻松自然地接过一个话题,又抛出另一个话题。

目前你的目标就是在积极参与对话的同时,鼓励另一方想说多久就说多久。好比网球训练时,教练发球和击球需要让学员能接到球,把球打回来。

持续的回合越多,对学员来说就越有价值,对话也是如此。

大多数对话以礼节性的问候展开,问候可供对话双方了解彼此的情绪与交谈意愿。随后对话开始谈及更深层次的话题,话题内容取决于你想将对话引向什么方向。

为了让对话多持续几个回合,最好的方法就是根据正在交谈的内容,提出相关的问题。举个例子,假设你们的对话正围绕食物展开。

你说:"这些零食你尝过了吗?它们的味道真不错!"

对方回答,你接着说:"不得不说,我总是爱吃一些容易发胖的食物。你呢,你喜欢吃些什么?"

无论对方说了什么,你总是表示赞同:"我也

第三十三章
打对方接得住的球

是！只要食物美味可口，我都喜欢。你习惯在家吃饭还是下馆子？"

对方给出答案后，你继续说："你可以试试镇上那家（你最爱的菜馆名字）家常菜馆，那是我的最爱。你去过吗？"

得到对方回复后，你还可以说："你一定要试试。那家店里每道菜都很好吃，绝对不会让你失望。你有什么好的饭馆推荐吗？"

总之，每次接完话，都要提出一个相关问题，类似"你喜欢下馆子吗？"等。

很明显，这样一来对话可以被引向无数个方向，但如你所见，这么做的主要目的就是让对方"有球可接"，有话可说。这一交谈方法并不难掌握，只需暂时将自我搁置一边，重点关照对方的兴趣和需求。

这是施展魅力的关键。

〉提升魅力的技巧

与人对话时,记住主角不是自己,而是与你交谈的另一方。过分关注自我,一心想着给别人留下良好的印象,反而显得刻意、做作。

相反,你应该忘掉自我。不要担心自己是否受欢迎,是否讨人喜欢。你要做的是让别人感受到他们是受欢迎的、讨人喜欢的。

第三十四章
不要打扣杀球

伟人的行动之所以能成功，靠的不是行动的手段，而是心灵的纯真。

——《吠陀》

"扣杀"是个网球术语，它是指比赛中，找准对手的位置空当，大力扣球并赢得比分。

与人发生争执时，很多人都会设法找出对方的逻辑弱点，毫不留情地与之争辩，说得对方哑口无言。

然而，这种执着于输赢的心态丝毫不利于魅力的施展。只因彼此意见不合，就让培养起来的魅力消失殆尽，这也许是你最不想看到的结果。同样的道理，在谈话中"打扣杀球"，只会让自己陷入危险境地，导致一切努力前功尽弃。

博恩：过度表现自己

年轻时，我是个政治狂热分子，对国家政治局势十分关切，每天都要花很多时间研究和评论当天的热点事件。主流媒体经常刊登我撰写的时评，广播辩论节目也经常有我的身影。毫不谦虚地说，在这方面我确实颇有研究。

针对每天的政治热点事件，我不断与人争

第三十四章
不要打扣杀球

吵、辩论,只图击败对方。我就像电影里的佐罗,挥舞着言语的武器,熟练地砍杀任何对手,即使对手是朋友。某天晚上,我受邀参加一场社交聚会。现场有很多显赫人物,当我到达时,他们正三五成群,愉快地攀谈。

我自信可以主导任意一场政治对话,我走到一群商人面前,打算跟他们聊聊今日要闻。正当我开口说话时,他们看了我一眼,像得到什么暗示似的,快速朝四个方向散开了,留我一个人站在原地。从这次经历中得到的教训我永远不会忘记,从此以后,我再也不试图利用我的语言才能去主导对话了。

在交谈中，冲突就是魅力的克星。因此，不管你觉得对方的观点有多荒谬，也要记得避免出现任何冲突。当然，避免冲突并不意味着你无法坚持自己的观点。对话的真正目的是让对方觉得你是个温暖友好之人，而非说服他人接受自己的观点。总而言之，施展魅力才是根本目的。

提升魅力的技巧

首先，弄清楚对话意图：施展魅力，吸引对方；而非卖弄聪明，说赢对方。

其次，不惜代价避免一切冲突。冲突是魅力的克星，能够立马对你的形象起到负面作用。只要空气中有任何一丝敌意存在，便难以施展魅力。

再次，你可以坚持自己的观点，但是不要"打

第三十四章
不要打扣杀球

扣杀球"。相反,慢慢阐明,要是对方不接受,那就随他去吧。不要太执着于哪个观点是正确的,否则你们的谈话将一直笼罩在争论的阴影之下。

最后,只有在对方明确表示想听你的意见时,你再开口。他们也许会问你很多问题,大概率上这是对你感兴趣的表现。因此,那就满足他们的需求,一一回答吧。但记住不要喋喋不休,说个没完。

总之,当吸引他人和说赢他人只能二选其一时,若你选择了说赢他人——那你便输了!

第三十五章
与交谈者保持步调一致

与我们现在所拥有的东西相比,过去和未来发生的事情往往显得微不足道。

——奥里森·斯韦特·马登

(Orison Swett Marden)

时机是交际的关键,尤其在论及魅力之时。《传道书》(*Ecclesiastes*)中有句箴言:"天下万物皆有定时。"你要做的就是确定"定时"究竟是什么时候。

你是否曾感觉自己在对话过程中跟不上对方的

第三十五章
与交谈者保持步调一致

情绪？对方激动又紧张的时候,你显得冷静而放松;对方心情十分低落时,你依然觉得生活就像舞会那般美妙。

你与交谈者处在两个世界中,因此没法产生联系。你可能也曾试着支持、理解、安抚对方,但似乎并没什么效果。为什么会这样?这是因为你们两个人的节奏不同,情绪变化速度不同。

正如主动齿轮与从动齿轮的转动速度一旦不同便无法咬合,人类在交际中也是如此。因此,你必须找到合适的方法,确保自己与交谈者保持同步。如此一来,不论你与交谈者之间有多大差别,都能建立起和睦友好的关系。

早在神经语言程序学(NLP)出现之前,专家便设计了一个名为"镜像与匹配"的实验,来探究领导者与追随者各自的特质。该实验要求被试者之间相互配合,同步动作与行为。例如,一个人随便哼一个调子,另一个人几乎在同一时刻跟着哼相同的调子。通过两人的相互配合,形成彼此的镜像。

大多数人天生可以适应不同类型的人群,但出于各种原因,我们并不使用这种能力。想象一下,如果只跟自己类似的人产生联系,那么你的世界该有多狭窄?这就是很多人固执己见、爱好评头论足的原因。如果你和我做的不一样,如果你眼中的世界不同于我看到的,那么你就是错的、无关紧要的、没有价值的。

富有魅力之人从不固执己见、评头论足。他们既享受用自己的眼睛看世界,又乐意从他人的角度看问题。而从他人的角度看问题,是培养魅力的重

第三十五章
与交谈者保持步调一致

要秘诀之一。

▶ 提升魅力的技巧

下次与人交谈时,试试这个技巧。

首先,通过聆听对方说话,观察对方肢体语言,有意识地形成他的镜像,与其说话节奏相匹配。如果他们说得很快,你便加快语速;他们说得很慢,你便减慢语速;如果他们动用了许多肢体语言,你也应该这么做;如果他们的肢体语言不丰富,你就需要避免过多的肢体动作。

其次,无论交谈的话题是什么,尽量从对方的角度看问题。点头,微笑,表达赞同,适时给予安抚,这么做的目的是为了让对方心想:"和这个人在一起,我感到非常舒服,我们有如此多的共同点,我们简直太像了。"人们往往都喜欢跟自己相似的人在一起，因此若能与交谈者的步调保持和谐一致，他们就会觉得你富有魅力。

第三十六章
熟能生巧

对于那些我们必须通过学习才能做到的事,我们靠的是边做边学。

——亚里士多德(Aristotle)

只要有机会,就练习你新学到的魅力技巧。刚开始练习时难免会有些别扭,这是正常现象。当你将这些技巧融入日常对话,反复练习,它们便会成为你的"第二天性"。

正如足球队员光靠日常训练是远远不够的,他们必须通过一场又一场的比赛，不断积累实战经验，才能形成条件反射。

当我们练习一个技巧时，相应的行为会自动刻入潜意识中。经过一段时间的重复训练，这些技巧用起来就会变得轻松而自然——这是我们自始至终所追求的目标。

正如婴儿学走路，儿童学骑单车，成年人学打高尔夫球或学跳广场舞，单一而机械的重复能让我们不经思考便完成许多事情。

启动计算机时，某些程序会自动进入运行状态。如果计算机中尚未安装程序，屏幕则会是一片空白。同样的道理，若潜意识中没有安装技巧的行为程序，那么大脑运转时也将一片空白。

第三十六章
熟能生巧

> **提升魅力的技巧**

不论是与家人、朋友、同事或新认识的人交流，抓住每个时机练习你到目前为止所习得的技巧，一次练习一个。这些练习会帮助你积累施展魅力的经验和信心。

对待每个人都要像对待能为你带来百万收入的客户一样，把他们当成世界上最重要的人。这种交往方式会让对方自我感觉非常棒，并认为你魅力十足。

第三十七章
将技巧转化为艺术

你看见过办事殷勤的人吗?他必将站在君王面前。

——《圣经·箴言》

当你掌握了所有魅力相关的技巧之后,内心还需秉持一定的态度,这样才能让技巧超越自身,转化为"艺术",施展得不露痕迹。

▶ 提升魅力的技巧

以下是你在运用技巧时需秉持的态度,以这样

第三十七章
将技巧转化为艺术

的态度与人交际,彼此都会感到十分愉悦:

与遇见的每个人都愉快相处。

无论发生什么,都保持亲切和蔼、通情达理。

关怀他人,为他人着想,不带丝毫偏见。

常露笑容,多加赞美。

记住,只有忘记自我,关注他人需求,才能真正超越自我。

第三十八章
躬行实践

天赋无可取代,勤奋或其他美德都不行。

——奥尔德斯·赫胥黎(Aldous Huxley)

一位摔跤教练告诉他的学员:"你既有天赋,又勤奋努力,这很好。但如果想成为一名顶级的摔跤选手,还需要积累大量经验。另外,上课只是上课,训练只是训练,只有真实的摔跤搏斗,才能积累经验。"

这一道理具有广泛的适用性。经验的积累依靠

第三十八章
躬行实践

实践，除此之外，别无他法。但思考不是实践，想象不是实践，准备好不是实践，训练也不是实践，只有真正去做了，才是实践！如果想要轻松自然地做好一件事，就必须在真实情境下反复实践，直至其融入潜意识。展现最佳表现的秘诀在于持续训练，从而形成习惯，无须大脑思考，便可做出相应的行为与反应。

为了达成这一目标，你必须进行大量提升、施展魅力的实践。

▶ 提升魅力的技巧

> 首先，想象自己处于社交或工作场合，你的样子放松、亲切、温暖、友善。你正向在场的人施展魅力，而他们也朝你微笑，享受与你相处的这段时光。

时不时坚定地告诉自己:"我的魅力十足。"同时,每次在心中默念这句话时,都应在脑海刻画出一幅吸引他人、愉快交谈的景象。

最后,将魅力相关元素融入潜意识,想象自己的行为举止、言谈笑容已经对他人产生了巨大影响,持续表现得好像自己是世界上最有魅力的人。此外,借助条件反射指导行为,无须刻意,让其自然而然地发生。你已经开始体验到魅力的力量,现在,请相信自己的魅力,并享受其中。

永远专注于此时此刻。对于魅力人士来说,现在是唯一的时机。没有下次,没有明天,更没有再试一次。只有此刻的全神贯注,才能施展出魅力。正如拉姆·达斯(Ram Dass)所言:"活在当下!"

第三十九章
展现魅力

世界上有两种人：一种是有话可说而不能说，另一种是无话可说却滔滔不绝。

——罗伯特·佛洛斯特（Robert Lee Frost）

吸引他人的能力好比芭菲（parfait）上的樱桃 ❶

---

❶ 芭菲，又称冰淇淋水果冻，起源于法国。它是一种在长玻璃杯中加入冰激凌、水果、奶油、巧克力酱、坚果等原料制成的甜点。芭菲的顶端往往会放置一颗红樱桃作为点缀，形成诱人的视觉效果。——编者注

或银行里的存款。想象一下新培养的魅力所带来的巨大价值：你将成为聚会上人人都愿意交谈的对象，你可以更轻松地结交新朋友，你不仅能够取悦朋友和家人，就连陌生人也会为你的魅力所折服。

魅力能为你的职业生涯带来许多好处，例如获得更多客户、提升销售业绩、增加沟通有效性。

公司会派你作为核心人物会见重要商业伙伴；同事与上级愿意和你交流相处，因为他们不仅看重你的智慧，而且看重你的魅力。

你将获得更高的工资、更快的晋升；你的个人与市场价值将达到从未预料过的高度；你将得到贵人相助，获得更多发展机会。

现在就看你的了。你不会失去什么，却能得到一切。谁不喜欢和欣赏自己、关心自己、愿意聆听

第三十九章
展现魅力

自己、积极回应自己的人在一起呢？受重视、被珍视的感觉是多么美妙啊。

换言之，谁不喜欢和有魅力的人在一起呢？

你不喜欢吗？

第四十章
提升魅力之电话篇

很多人每天要花大量时间在打电话上。同时，随着信息时代的到来，语音通话更加普及，越来越多的人随时随地都在打电话。那么如何培养打电话时的魅力呢？这里为你准备了以下几个简单步骤，帮助你显著提高电话沟通的有效性。

步骤一：建立良好的第一印象

俗话说："你只有一次建立第一印象的机会。"

第四十章
提升魅力之电话篇

通常情况下,第一印象通过电话聊天而非面对面交流产生。

许多销售专员或从商人士从未见过客户,纯粹依靠手机谈生意。他们之所以能够成功,是因为掌握了高超的电话沟通技巧,能在打电话时散发魅力,说服他人。

这是一个真实的案例:有位消费者给某家家电公司打电话,电话接通后传来一个毫无生气的女声:"K&B。"消费者回答:"不好意思,请你再说一遍。"电话那头的客服用同样的语气重说了一遍:"K&B。"消费者顿了顿,然后温柔地问道:"你为什么不说'早上好'?"

客服沉默了。消费者接着说:"你的声音很好听,我想听你说一句'早上好'。"又是沉默。"你现在能说一次试试吗？"还是沉默。但最后，这位客服终于开口了："早上好。"

这句话的效果十分惊人。客服的声音和态度变得非常友善，甚至让人感觉她的声音里带着微笑。消费者回答："太棒了，谢谢你！"消费者对这位客服及其公司的印象，因为一句"早上好"，产生了巨大的转变。

只是一个小小的微笑，就能带来大大的不同。记住，微笑可以从你的声音里听出来、感受出来。听者也许不会笑，但你必须要笑！

步骤二：判断对方的思维方式

电话交流开始的时候，是了解对方说话方式的

第四十章
提升魅力之电话篇

关键时机,很快你就会发现他们是靠理性思考还是直觉感受说话的。心理学家将前者的思维方式称为**系统性思维**(systematic cues),后者的思维方式称**为启发式思维**(heuristic cues)。

举个例子:当对方似乎特别热衷于讨论某个话题的细节时,应避免谈论感受与情绪;反过来,如果对方说话带有强烈的感情色彩,则需避免谈论理性的东西。这与本书第三十五章提到的"与交谈者保持步调一致"是一个道理,对话双方应处在同一频道上。

想象一下,你和朋友或家人出去旅行,他们正在描绘目的地的群山是多么壮观,湖水是多么清澈(启发式思维),而你却执着于谈论当地的地势地貌,所种植的庄稼类型(系统性思维),那么在对方眼中,你一定是从火星来的!

别人在谈感受与情绪,你却聊起了事实和数据——毫无情趣!别人在谈事实和数据,你却聊起了感受与情绪——一场灾难!

步骤三:满足对方的需求

若想变得充满魅力,记住这一点:忘掉自我,致力于满足他人需求。打电话时,把话筒当作对方耳朵,轻柔说话,这会让你的声音听起来更亲切,更具关怀。

以下 22 条建议,能够帮助你提升在电话交谈过程中的魅力:

(1)**鼓励对方说话**。轮到你说话时,注意不要

第四十章 提升魅力之电话篇

滔滔不绝，相反，要提出相关问题，并耐心倾听对方回答。倾听时间越长，次数越多，越显得你有魅力。

（2）**声音清晰、用词简单、表达直接**。如果对方使用的语言比较简单，没有高级词汇、复杂表达，那么你必须采用同样的措辞方式，不然对方就会觉得你在秀优越感，故意说些听上去晦涩难懂的话，即使你的本意并非如此。

（3）**专注聆听，因为这是你了解对方的唯一方式**。大多数人宁愿说话而不愿聆听，尤其是在打电话时。你要克服这一倾向，并且每当对方想说话时，就让他们说，自己则专心听。

（4）**耐心倾听**。即使对方说到一半你就有了答案，还是要耐心地听他们把话说完，等轮到自己说话了再开口。

（5）**做个积极的倾听者**。运用语言安抚和声音安抚，如"嗯""唔""是的，我明白了""真的吗？""当然"。这些安抚性的回应能让对方感受到你有多投入。

（6）**礼貌打断**。打断常被视为不尊重说话者、否定说话者观点的行为。因此，如果一定要打断，请先说这句话，把责任揽到自己身上："请允许我打断一下，我怕等会儿忘了这点。"

（7）**使用短小生动的故事和例子**。单调无聊非常致命。轮到你说话时，注意语言的生动性，并增加自己的评论或感受。例如，与其说"今天天气不错"，不如说"今天阳光明媚，微风和煦，让人感觉非常舒服"。

（8）**不要冒昧**。不论谈话气氛多么友好，都不

第四十章
提升魅力之电话篇

要冒昧行事,超越界限,特别是开玩笑的时候。如果有些话对父母都没法说,那就不应该对任何人说。

(9)不要着急。放慢语速,用温暖低沉的声音说话,这会让你听起来更迷人。

(10)使用停顿。当你或对方需要时间思考时,可以停顿一下。用类似的话提醒对方:"让我们花一点时间想想这事儿"或"给我点思考时间"。但注意,避免停顿过久,否则对方会怀疑你挂断电话或掉线了。

(11)不要传递过多信息。提供人们需要的信息,不要多给。信息过多会让部分人在做决定时变得犹豫不决。此外,警惕在电话沟通时表现得过于热情,很可能对方并没那么感兴趣。

(12)保持同理心。如果对方不开心,要为他们感到不开心；如果对方很高兴，要为他们感到高兴。这一技巧在推销产品或理念时尤为重要，因为一旦对方把你视为体贴关怀的朋友，他们就会更愿意改变自己的想法，接受你的观点。

（13）**保持声音充满活力**。说话时，记得变换声音大小和说话速度。谈到重要内容时放慢语速，说起隐私话题时压低音量，至于那些无关紧要的信息和细节，则可加快语速，一带而过。没有什么比单调、一成不变的声音更无聊扫兴，这样的声音简直比安眠药还容易令人瞌睡。

（14）**表达情绪**。你的声音和态度应让对方感受到热情、关怀、兴奋与愉悦。对于自己的主张，你应表现得十分坚定。但注意，表达情绪时不要做得太过，否则会有传递过多信息的风险。

第四十章
提升魅力之电话篇

（15）**微笑**。笑容既能听出来，也能感觉到。微笑改变嘴形，从而影响说话声音。说话时，如果面带微笑，会让声音听起来更温暖、更友善。

（16）**若己所欲，先施于人**。如果想让别人兴奋起来，首先自己得表现得兴奋；如果想要说服别人，首先自己得表现得坚定。如果不先给予，对方也不会给出你想要的结果。

（17）**重点谈论对方感兴趣的话题**。确保对方的想法、观点和担忧是本次对话的重点。

（18）**谨慎建议**。该技巧不仅适用于面对面交谈，也适用于电话聊天。如果有人向你寻求建议，应抑制住回答的冲动，而反问道："你觉得你应该怎么做呢？"

（19）**始终征求许可**。要是对方尚未向你寻求建议，而你却感受到他们有这样的需求，则可以温柔地询问："我可以提个建议吗？"

（20）以温柔化解愤怒和戾气。温柔的回答可以化解愤怒，但如果对方生气，你也生气，那么即使你在这场情绪战中胜出，也必将败于魅力战。

（21）挂断电话之前不要停止散发魅力。确保电话交流的整个过程你都在散发魅力，包括最后的"再见"。你有没有打电话时突然被人挂断的经历？这会让你开始怀疑他之前说的话是不是真的。

（22）将自己视为对方的人生导师。努力表现得好像最好的导师那样——见多识广、耐心友善、关怀备至、温暖体贴，总是支持学生、保护学生。当然，帮助对方、关心对方的想法和举动应尽量出于真心。

第四十章
提升魅力之电话篇

> **提升魅力的技巧**

现在,下决心成为一名出色而有魅力的电话沟通者。将上述 22 条建议写在一张纸上,每次打电话时都将这张纸放在面前,时不时看上一眼,找机会加以运用。

把每次通话都当作与关键客户的重要会面,排除所有干扰,专心聆听电话那头的声音。

只需稍加思考和练习,这些技巧就能给你的社交生活与职业生涯带来巨大作用。事实上,它们对提高人际关系质量的作用不亚于你所做的其他任何事情。

博恩·崔西职场制胜系列

《市场营销》
ISBN
978-7-5046-9127-9

《领导力》
ISBN
978-7-5046-9128-6

《谈判》
ISBN
978-7-5046-9166-8

《管理》
ISBN
978-7-5046-9167-5

《激励》
ISBN
978-7-5046-9168-2

《授权》
ISBN
978-7-5046-9196-5

《涡轮策略》
ISBN
978-7-5046-9274-0

《涡轮教练》
ISBN
978-7-5046-9273-3

《创造力与问题解决法》
ISBN
978-7-5046-9315-0